スピリチュアル・アルバム

我が心の富良野と佐野に遊ぶ
仏と不思議な石たち

齊藤日軌

国書刊行会

はじめに

近頃、富良野の紅葉の山麓にたたずみ風に吹かれ、飛び惑う落ち葉、青空にたなびく雲を見ながら人生を振り返ることが多くなった。その過ぎ去りし風景の一コマ一コマがいとおしく、以前より意味を深めてきつつある。オーロラのような多彩な光を放つ過去たちは、いま遠くではなく私の心の間近に遊んでいる。私はよく法話のなかで、人の命は永遠であり、人生は修学旅行のようなものとお話しすることが多い。旅の目的は、さまざまな景勝地・名跡を訪れること、また人との出会いであるが、私たちのこの三次元のスピリチュアル・ジャーニーは、出生から始まり、入学、就職、結婚、出産、さまざまな感動、出会いと別れがある。その出来事の一つ一つから私たちは多くのことを学んでゆく。旅の風景や出会った人との写真はアルバムにして整理するが、人生の心象風景アルバムは短い文章で綴ることとした。

檀家さんの友山愛子さんの旦那さんが突然自分の人生の写真を整理し始め、数冊のアルバムにまとめたのは数年前のことだった。次に長年連れ添った愛子さんを連れ、思い出の新婚旅行の地を訪《おとず》れた。最後に私の寺で行われたお会式法要の直来《なおらい》で酒を飲みながらそのお話をされ、「住職に話ができ、これでよかった」と一言呟かれた。その後、時を置かずして、彼は霊山浄土《りょうぜん》に旅立った。

人は人生の旅を終え、中陰の四十九日の期間にこの世の人生における旅のアルバム整理をするようである。そのときに人生体験を通じて得た智慧を整理し、心の宝石箱に収め、浄土に持っていくのであろう。あの世へは、お金も家も車も持っていけない。家族も友人も連れていけない。持っていけるのは苦しみや悲しみ、喜びに彩られた思い出のアルバムと、そこから得られた智慧のジュエルボックスだけである。

このたび、父から書き続けられてきた『石佛庵記』第四部を『スピリチュアル・アルバム』と改称し、国書刊行会から発刊する次第となった。『スピリチュアル・アルバム』には、人生のさまざまな出来事、出会い、トピック、そのあいまに垣間見たあの世と過去世、未来、語り合った神仏・守護霊たちとの神秘・奇跡をさまざまな角度から見た想いが綴られている。読者のスピリチュアルな人生を豊かにすることに役立てば幸いである。

目次

目次

スピリチュアル・アルバム

隕石ハンター

七月十九日、ふとテレビを見ると「地球好奇心」というNHKのテレビ番組で、隕石の話をしていた。隕石は石佛庵の展示ケースにも飾られ、妙に心惹かれる石である。そのずっしりとした重量感ある手応え、また漆黒の宇宙空間を旅してきたその神秘性は、私たちを魅惑し続けて止まない。日本の愛石趣味は、愛好家の高年齢化などの理由から退潮傾向にあるのは否めない事実である。ところが今、アメリカでは隕石バブルが始まっている。それは一九九五年のアメリカ自然史博物館のオークションから始まった。出品された隕石が非常な高価で落札されたのだ。

隕石ハンターは、ガードマン一名とモロッコ人の通訳一名をともない、砂塵舞う赤褐色のサハラ砂漠の奥深く、アルジェリア国境近くまで隕石探しの旅に出る。命をかけた隕石ハンティングに出るのは、砂塵の夢幻の彼方に莫大な富が眠っているからである。三十四キロもあるパラサイト隕石などは、一億円以上の値を呼ぶ。この隕石は、鉄とクリスタルが格子状に組み合わさり、薄くカッティングした隕石の後からライティングすると、幻想的な模様を浮かび上がらせる。

隕石はサハラ砂漠で多く発見される。二千キロにも及ぶ砂漠の平板な大地に何万年も前から降り続けた砂のベールが風によって取り除かれるとき、隕石はその裸身を晒すからである。隕石が高値を呼ぶのはその希少性、美術性に依るのはもちろんなのだが、その真の価値はその発生の神秘性、ロマンにあるのである。隕石は小惑星のかけらが宇宙空間を飛来したものなのだが、たまにこの小惑星が月や火星に衝突することにより、月や火星のかけらが隕石となって地球に降り注ぐこともある。したがって、これらの隕石を研究すると、太陽系の成り立ちや、そのなかに含まれるアミノ酸などから人類や一切衆生の生命の起源、宇宙の本仏の実体も解明できるかもしれない。

これらの隕石ハンティングの秘訣は、根気と忍耐である。また、宇宙からの宝物は個人が所有しきれるものではない。四十五億年という時の流れの一瞬に、ただ自分の前を通り過ぎるだけなのだそうである。まさに石寿無量である。私たちの人生もまた宇宙からの宝物を探す隕石ハンティングの旅といえよう。

平成十五年七月

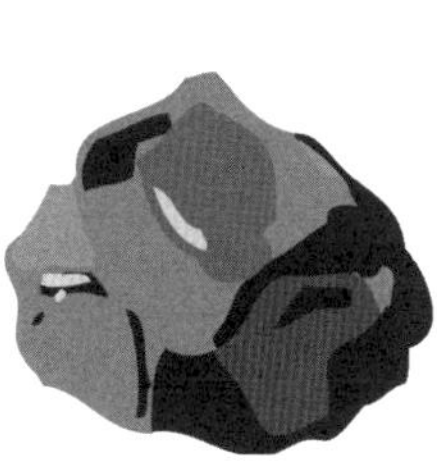

父の道服

富良野ではお盆が過ぎるとすぐ涼しい風が吹いてきて、早い秋がやってくる。今年は冷夏で田圃の稲もお辞儀しないで上を見ている。実りも例年より少ないのだろう。北国の秋は少し早く寂しい。石佛庵・齊藤文承僧正の七回忌も過ぎ、息子の文昭は小学校一年になった。父・石佛庵は、私が小学校に入るころから、私に洋服法衣を着せて、お盆の棚経に出た。一日何件も檀家さんを回るのは子供の私には辛いものがあった。しかし、山の方の檀家さんを歩くときなどは、近くの沢に入り探石などをして楽しいこともあった。特に奈井江《ないえ》の沢は蛇紋岩《じゃもんがん》の美しいものを多く産出する。父は人生のいろいろなシーンに楽しみを用意していた。

そんな子供のころのことを考えていると、そろそろ息子の文昭もお盆の棚経に同行してもよい歳であることに気がついた。しかし、思いついたのが八月八日のことであるから、道服がお盆に間に合いそうもない。京都の湯浅法衣店に問い合わせると、成長が早いので、子供の道服は大人の道服の上げをとって使うとのことであったが、作業に二週間くらいかかるとのこと。それではお盆は終わってしまう。

こうなったら石佛庵にある古い道服の上げをとって使うしかない。しかし、和裁をしてくれるのは菊池ムメ先生しかいない。菊池先生は八十過ぎの高齢で足腰も弱くなり、目もだいぶ薄くなってきている。とても申し訳なくて子供の法衣の上げをとってくださいとはいえない。二日間もそんなことを考えているると、その菊池先生がひょっこりと石佛庵の玄関に現れた。納骨堂にある親戚の仏壇にお参りに見えたのであった。早速、私は菊池先生にお願いして、用意してあった石佛庵の使っていた道服を直していただいた。「一念三千」思いは実現するものである。

できた道服は、息子にピッタリの涼しげな紗の改良服である。ふとその裾の方を見ると、小さな穴が開いていた。石佛庵はヘビースモーカーで、衣にタバコの火で穴を開けていたのである。その父も文昭の小僧さん姿を見て、タバコの煙のなかから顔を覗かせて喜んでいるような気がした。棚経に行った先の、及川さんの美人の奥さんは、「文承先生が生きていたらどんなに喜んだでしょう」とおっしゃった。

平成十五年八月

トルマリンのブレスレット

一雨ごとに気温も下がり、北国は絢爛たる紅葉の秋を迎えようとしている。秋の夜長は、コーヒーをドリップして飲みながら、「石佛庵記」を書く。

「石佛庵記」は、以前はワープロ、今はコンピューターで書いている。パソコンで文章を作成すると、データーの保存や文章の校正が容易なほか、資料の参照などにも非常に便利である。実は、石佛庵の寺務もその多くをパソコンに頼っている。しかし、パソコンを使うことも利点ばかりではない。便利な分、弊害もまた多い。

平成八年に、私は約一年かけてパソコンで仏教の論文を書き上げた。その結果、早速、老眼となった。さらに最近では——長期にわたる講演旅行と相まって——ひどい肩こりに悩まされるようになった。

そんなある日、上富良野の竹内さんにお参りに出かけた。竹内さんの旦那さんは上富良野の役場に勤務していたが、平成元年の十勝岳噴火のときに、町民を守るため二十四時間態勢で働き、過労で亡くなられた。それ以来、奥さんはお姑さんと二人で暮らしている。気だてのいい優しい奥さんである。その奥さんが読経後のお茶の時間に、「私は長年肩こりに悩まされていましたが、実はこのトルマリンのブレスレットを着けてから、すっかり肩こりが治りました」といって、シリコンゴムにトルマリンの粉を塗り込めたブレスレットを見せてくれた。見るとあまり立派なものでもないので「ホントですか」というと、奥さんはニッコリ笑って、細い観葉植物の葉にそのブレスレットを近づけた。すると、その植物の葉はスっと動いてそのブレスレットに吸い付いたのである。驚いた。驚いたがしかし、私はその後それをすっかり忘れていた。

あるとき、足袋の形をしたソックスを買いにふと寄った労働着を扱う店に同じブレスがあったので、それを買い求めた。それ以来、私はあまりひどい肩こりにはならなくなった。

トルマリンとの最初の出会いは、石佛庵と一緒に行ったアメリカで開催されていたジェム・ストーンの展示会である。大きく方形にカットされたブルーの美しい石であった。トルマリンはピエール・キュウリー氏によって発見され、別名電気石とも呼ばれている。マイナスイオンや遠赤外線をも発生させる不思議な石である。

平成十五年九月

霊山一会儼然未散

今年の日蓮宗霊断師大会は名古屋のお寺さんで行われることになった。私は本部会議に出席するため、十月八日にホテル名古屋ガーデンパレスに入り、翌九日朝、本成寺さんに伺った。石佛庵は本要寺なので、本成寺さんというお名前から少し親しみを感じていた。

檜の大きな一枚板を使った山門を潜り抜けると、緑鮮やかなサツキの寄せ植えが目に入った。目を転じると、その境内には白や青の大小さまざまな伊予石の名石が配置されていた。本成寺さんも石の寺であったのである。先代住職にお伺いすると、その霊妙にして神秘の観がある庭は「霊山《りょうぜん》浄土」とのお名前であった。霊山浄土との名前をお聞きして、この庭が調和ある佇まいのなかにもたくさんの奇岩を配し、神秘霊妙の気を感じさせることの意味が領解された。

霊山とは、歴史上、現実にこの地上に存在した仏である釈迦牟尼仏が、晩年の八年間で法華経をお説きになられた場所であり、インド・ビハール州のほぼ中央に位置する。かつてのラージャグリハ（王舎城）にある小高い山、霊鷲山のことである。この山頂の虚空の世界、四次元以降の神秘世界では、釈尊が永遠の生命を持って存在され、今も法をお説きになっているといわれている。したがって、釈尊の法華経説法の会座は、「霊山一会儼然未散」といわれるがごとく、説法会はいまだ解散していない。

後に中国の名僧・天台大師（五三八〜五九七年）となる陳青年が、「その名声は崇山よりも高く、その修行は伊水よりも深い」と讃えられた南岳山にいる慧思を訪ねたとき、慧思は陳青年に、「あなたとは、前世にインドの霊鷲山において一緒に釈尊の『法華経』の教えを聞いた仲である」といい、弟子として迎えたという。

日蓮大聖人はこの霊山浄土で釈尊から「末法の世に生まれ、お題目を広めることにより、この地球を霊山浄土のような調和と安らぎのある清浄な浄土にしなさい」との命を受け、鎌倉時代の日本にお生まれになった。その霊山浄土の様相をこの本成寺さんの庭園はよく表している。

私たちの娑婆世界の本質は、そのまま神秘世界の霊山浄土である。私たち人類は皆、浄土から生まれてきた。まず、みずからの心に浄土を建設し、この地上界を浄土とするために。一念三千、想いは物を作り、世の中を変えていく。

平成十五年十月

村雲日栄尼の大曼荼羅御本尊

小雪舞う十一月八、九日に、石佛庵・本要寺では、宗祖日蓮大聖人のお会式を勤修した。お会式とは、弘安五年（一二八二）十月十三日、武蔵国池上宗仲の邸でご入滅された日蓮聖人のご命日のご報恩法要である。お会式は近隣の日蓮宗のお坊さんを招いて盛大に執り行う。

本要寺のお逮夜で、法要の控えの間に集まった若いお坊さんの一人が床の間に掛けられている大曼荼羅御本尊を見て、「一体この気品のある立派なご本尊はだれがお書きになったものですか」と私に聞いてきた。「これは、北海道に明治年間布教に来られた、門跡寺院である瑞龍寺の第十世・瑞法光院日栄尼公のお書きになられたものです」と私は答えた。

さらに「そんな立派な方のお曼陀羅がなぜ本要寺にあるんですか?」と問われ、私は次のようにお答えした。

明治時代、私の祖母の父に当たる堀田春教という方が、堺の妙国寺の檀林で勉強なされていたとき、村雲日栄尼と学友であった。後に堀田春教は小樽・妙龍寺の住職であった父・近藤日遊上人の跡を継ぎ、妙龍寺の第三世となった。堀田春教上人は細面の美男であった。村雲尼公は「春教さんに会いたい」といって、昔の石ころだらけの道を関西から歩いて旅をして、最後は青森の蓮華寺に宿泊し、そこから船に乗って小樽の港に着いたそうだ。春教上人は、村雲日栄尼を背負って船から降りたといわれている。

この話を九州の名布教師である島添昭光師に申し上げたところ、島添僧正は、「私は村雲尼公のお曼陀羅を所持しているが、齊藤上人、あなたこそ村雲尼公のお曼陀羅を持つべきである」といって、私にお曼陀羅を譲ることを約束してくださった。後日、私はその約束を忘れかけていたが、島添上人に拙著『石佛庵記 Ⅲ』をお送りしたところ、島添上人は、「あの約束は忘れていません」と、私がお世話をしている東京での研究員会議の折、直接手渡してくださった。その布に包まれた大曼荼羅御本尊を両手で抱きいただいたとき、不思議なことに、私は生きた村雲尼公を抱きかかえた感じがしたと同時に、いい香水の香りがした。不思議に思った私はその布を鼻に押し当ててみたが、二度とその香りはしなかった。

今ここにこのお曼陀羅があるのは、先祖からの不思議な因縁と島添上人の真心のお陰なのである。

平成十五年十一月

体外離脱とモンロー研究所

体外離脱とは文字どおり人間の魂が肉体を離れることをいう。私は函館ラ・サール高校に通っていたとき、シュルツ博士の自律訓練法をマスターした。自律訓練法とは自己暗示をもととして、自己の肉体を自律神経からコントロールする方法である。この訓練により私は、体温を上昇させたり、心臓の鼓動の早さをコントロールしたりできるようになった。終いには、意識が肉体から独立した状態、すなわち肉体感覚なしの意識状態に入るようになった。この意識レベルでは無音の音がよく聞こえる。ある日、この意識状態から大音響とともに私の意識＝魂は体から離れ、猛スピードで真っ暗なトンネルのなかを上昇しだした。

「このまま自分の肉体に戻れなくなると困る」という恐怖を感じた私は、そのトンネルのなかでの上昇を止めた。このトンネルの向こうには、実はあの世があるようである。その後、私の意識はときどき部分的に肉体を抜け出して、夢うつつのなかに神仏の教えを聞けるようになった。しかしあるとき、肉体を抜け出してたどり着いた世界に、なぜかズボンとシャツを着た日蓮聖人がお立ちになっていた。日蓮聖人は厳しい表情で、「私は非常に忙しい。あなたはそんな状態でいるなら、こっちの世界に来て私の手伝いをしなさい」とおっしゃった。私は「もう少し待ってください。この世で頑張りますから」と申し上げて、日蓮教学の研究に精進している。

最近『「臨死体験」を超える死後体験』（ハート出版）という本を読んだ。有名なアメリカのモンロー研究所を訪れて体外離脱の経験をした坂本政道というハイテク・エンジニアの著書である。モンロー研究所の創設者であるロバート・モンローは、特殊なヘミシンクという技法で作成した音楽を聞かせることにより、左右の脳半球を同調させて人間の意識を変性意識状態に移行させ、体外離脱までさせるというテープ（CD）を作った。

興味深いことに、このモンロー研究所には巨大な肌色の二メートルもある六方柱状の水晶が草原に置かれている。この水晶はあの世の高次元の世界に行くときに威力を発揮するそうである。また、あの世にあるモンロー研究所にも巨大水晶が置かれているそうだ。水晶は生命ネルギーの増幅器のようである。私も大きな水晶を枕元においてこのCDを聞いてみようと思う。

平成十五年十二月

倉本聰先生のソーズ・バー

昨年の八月、お盆で檀家廻りに忙しい毎日を送っていた私に、倉本聰先生から一通の招待状が届いた。

拝啓　平素は格別なるご高配をたまわり、厚く御礼申し上げます。さて、昨今の健康志向による禁煙、分煙の風潮のなか、哀れなる小生を始めとする追いつめられた愛煙家のために、大人の隠れ家〈聰の酒場〉Soh's BAR for miserable smorkersを富良野の森のなかにオープンいたします。店内は小生の書斎を模した石積み造り。ぜひのお越しをたまわりたく、ここにご案内申し上げます。敬具　二〇〇三年八月吉日　倉本聰

倉本先生からの招待状なので、私も早く行きたくてウズウズしていたが、何せお盆で忙しい上に、〈ソーズ・バー〉のある森は車で十分も走らなければ行けない距離。歩いて行くには遠く、車で行けば酒は飲めない。そんなこんなしているうちに、お盆も過ぎてしまった。ホッと一息、少し映画でも観ようと石佛庵の裏のゲオにビデオ・テープを借りに出かけた。すると、そこで倉本先生の芝居をよく公演する富良野演劇工場の理事をしている高校の一級後輩である藤田君に出会った。藤田君に〈ソーズ・バー〉の話をすると、彼は「私が車でお連れしましょう」といってくれたので、早

速二人で出かけた。

富良野の森の小道を少し入り木道のアプローチを通ると、石のエントランスに着く。〈ソーズ・バー〉は倉本先生の書斎と同様、麓郷の畑から拾ってきた石で造られているのである。

倉本先生いわく、

店はたくさんの石で囲まれているが、木が百年、二百年の世界であるのに対し、石は何万年という世界。ずっと囲まれていると一種、静かな気持ちに。お墓のような感じも（笑）モノを書く場合、心のなかがウキウキ。それをまわりからしんと抑えて、書かなければならない。高揚して、抑える。抑えるには石が非常にいい。（「日刊富良野」）

さすが一流のシナリオライター、文芸の道だけでなく石の道にも通じているようである。私も自坊で多くの愛石やお墓に囲まれて「石佛庵記」を書いている。できれば石佛庵にも〈ソーズ・バー〉のような花梨のカウンターを造ってお酒を飲んだり、先生のようなクラシックな趣の机を造って文章を書いてみたいものである。

平成十六年一月

ヘミシンクとあの世の石

『「臨死体験」を超える死後体験』（ハート出版）という本を読んで、早速、アメリカにあるモンロー研究所作成の体外離脱のCDを心の森研究所から購入した。前々回の「石佛庵記」に書いたように、私は大きな水晶を枕元においてこのCDを聞いてみた。寝ながらCDを聞いていると、無音の音がよく聞こえる。体外離脱の一歩手前の意識状態に入ることができたのである。しかし、何度聞いても体外離脱はできなかった。

体外離脱を諦めて、このCDのヘミシンクの音楽は非常に気持ちよく気分転換にもいいので、私はベッドに腰掛けて瞑想しながら聞いてみた。すなわち、ヘミシンクの音楽を聞きながら禅定に入ったのである。気持ちよく禅定を解いた私は、何も期待しないでベッドに横になって眠った。心地よい眠りのなかで、気がつくと私は体から意識が抜け出て地球の上空を飛んでいた。薄暗い空間の下の方に世界地図のように黒い大陸が見える。中東の方だろうか、なぜか一カ所だけ明かりが灯っていた。次に大陸がモザイクのように見える未知の惑星の周りを私は飛んでいた。私は肉体に戻って、このヘミシンクのCDを聞くことによって体外離脱が確かにできることを知った。だが、まだこの体外離脱での体験の意味はよくわからない。なぜ大陸や未知の惑星を見たのだろうか？　しかも、私の体外離脱は意識の一部だけが離脱しているようで、あまりハッキリとした体験ではなかった。

次に私は——夢のなかだろうか——自分のあの世の家みたいなところを訪問した。私のあの世の家はお寺なのであるが、スイスにある木造の家に近い感じがする、とてつもなく大きな古い建物であった。なぜか隣の町にまで地下で繋がっている。家の裏には昔使っていた部屋がいくつか使われないで忘れ去られていた。その懐かしい部屋に入ってみると、その部屋には紅水晶などの原石が埃にまみれていた。私はその石の埃を払いながら、自分はあの世の家にまで石を置いている結構な石好きなのだということを理解した。あるいは、埃にまみれた石は自分の本性である仏性《ぶっしょう》というものがいまだ磨かれていないことを示しているのだろうか。

ちなみにこのCDのタイトルは『ザ・ジャーニー・ホーム』である。このシリーズはあの世のなかでも結構上の世界まで行けるらしい。

平成十六年二月

百匹目のさる

もう持ち主もいなくなった古い人形たち。埃にまみれていても着物姿で踊っている日本人形、まだブルボン王朝の夢を見ているフランス人形。そんな人形たちには持ち主の想いが今も残っている。そうした行き場のない多くの人形たちが石佛庵にやってくる。修法により魂抜きをしたそれらの人形たちは、通常お焚上をするのだが、私は不憫な人形たちを心優しい古物商の釜沢さんのところに持っていった。もう一度人形たちに自分を愛してくれる新しい持ち主に出会って欲しかったからである。

釜沢さんは少し困った顔をしたが、「だけど、今度は金山石《かなやまいし》を持ってきてくださいよ」といって、快くそれらの人形たちを引き取ってくれた。

金山石は大自然の姿を写して妙なるがゆえ、インターネット上でも益々人気が出て、売れ行き好調だそうである。多忙な現代を生きる私たちも、金山石のなかの悠久な大自然に一時憩うことができる。

峨眉山月歌　李白

峨眉山月　半輪の秋

影は平羌江水に入って　流る
夜　清渓を発して　三峡に向かう
君を思えども見えず　渝州にくだる

石佛庵に居ながらにして、李白のごとく河を下り、旅をして人を思うこともできるのである。

愛石の道の起源は大変に古い。中国の清の時代、蒲松齢作『聊斎志異《りょうさいしい》』のなかにも愛石家の話が出ている。一体いつから人は石を愛好するようになったのだろう。最初に自然石を飾った人は、一種の天才といえよう。

「百匹目のさる」という話がある。九州の東岸から少し沖へ出た幸島《こうじま》というところに住んでいたニホンザルでイモという十八カ月のメスが、一九五二年のこと、砂や砂岩にまみれた生のサツマイモを食前に洗うことを思いついた。イモはそれを遊び仲間たちにも教え、島全体の猿たちがイモを洗うようになった。ある日、イモを洗う猿が百匹目に達したとき――臨界数を超えたのだろうか――イモを洗う文化は海を越えて他の島々や本州のサルの群にも自然発生するようになった。

石を最初に愛好した一人の天才に始まった愛石趣味も、このようにして人類の共通意識のなかで発芽して成長し、世界の文化となったのだろう。

平成十六年三月

身延山の紫水晶

三月になり北海道も少し暖かくなってくると、石佛庵のおとしさんは、「今年も身延山に連れて行ってちょうだい」という。石佛庵の七回忌も過ぎ、母はもう八十二歳になるが、相変わらずの美貌である。念入りにお化粧をして、どうやら身延山にいる石佛庵に会いに行くつもりらしい。

身延山には祖廟という日蓮大聖人のお墓がある。私は毎年お参りして、日蓮聖人に大きな声で一年の報告をしたり、お願いをしたりする。ここでお願いすると、本当にいろいろなことが叶う。

四月は日蓮宗霊断師会の身延山結集大会が例年開催され約二千人もの人々が集まり、法華経の信仰と実践を誓い合う。霊気溢れる大自然のなかで、法華経に説かれる大調和の理想を実践する大会である。

姉の芳枝もこの大会には一緒に参加する。空港で車いすに乗ったり、なにかと手の掛かるおとしさんの面倒を見るためである。姉の楽しみは、門前町のお土産屋さんで買い物をすることにある。姉のお目当ては、山梨県特産の水晶などの美しい宝石でできた数珠などである。

私もむろん数珠などを買ったりするのを楽しみにしている。四月十七日の夜、懇親会で少しご法水をいただいてほろ酔い加減でお土産屋さんに寄ると、店先に「日本一」とカードに書かれた紫水晶があった。直径一メートル五十センチほどもあるアメジストの美しい原石である。私は、この原石からパワーを頂戴するため頭を着けようとして、したたかに額を鋭い結晶の先端の一つにぶつけてしまった。とたんに、酔いも醒めた。

翌十八日、私は大会の救急班長として、美しい尼僧さんや看護婦さんと一緒に、大本堂の下で待機していた。ここにもふと見ると大きなアメジストの結晶があり、その説明に、「アメジストのギリシャ語の語源は『酔っぱらわない』という意味である」とあった。微量のマンガンを含むので美しい紫色をしているが、この色がワインの色に似ているので、西欧では悪酔いを防ぎ解毒作用のある石と信じられていたそうである。どおりで私の酔いも醒めたわけである。

アメジストはまた、マインドのバランスをとり、創造性、思考力、インスピレーションを高めてくれる石でもある。

平成十六年四月

カムイミンタラ――神の庭

富良野の冬は例年大変厳しいが、今年はなぜかそうシバレもせず、比較的暖かい冬を過ごした。冬さえ寒くなければ、富良野はパラダイスである。だが四月下旬、もう春なのに、石佛庵の周りを朝、散歩する私の頭の上で、細やかな雪が舞い降りる日々が続く。

こんな気温だと春スキーがいい。真冬に近い上質な雪で滑れる。早速スキーの好きな新宿は感通寺のご住職・新間僧正に電話をかけてみた。

四月二十六日の夕方、新間僧正は奥様とご一緒に旭川空港に着いた。私は空港まで車でお迎えし、大雪山旭岳のホテル・ベアモンテにご案内した。このホテルは旭岳のすそ野に位置する美しい本格的な山岳リゾートホテルである。湯口よりふんだんに溢れる源泉を使った大浴場と四季の移ろいを映す外観が素晴らしい。

大雪山は北海道のほぼ中央に位置し、二二九一メートルの旭岳を最高峰に、五十キロメートルにわたって連なる二千メートル級の山々の総称である。総面積は二十三万ヘクタールあり、これだけの拡がりを持った山地は日本に例がない。大雪山脈は北に位置するため、本州の三千メートル級の山々に匹敵する高山環境にある。それゆえ、雪はいまだ真冬のごとく上質であり、春スキーではなく冬スキーを堪能することができた。

高山植物群落の多様さとスケールの大きさもまた日本一である。その美しさを先住民アイヌの人々は、「カムイミンタラ」（神の庭）と賛えた。山の斜面の岩はまさに神の庭にすえられた庭石のごとく絶妙に組まれ、大自然の神秘なまでの美しさを強調する。

そこにあった石の神秘玄妙な姿に感動した新間住職ご夫妻は、新宿の自坊に造営中の庭に神居古《かむいこ》潭石《たんせき》をぜひ置きたいとおっしゃった。神居古潭とはアイヌ語で「カムイコタン」（神のいるところ）といい、石狩川の激流が夕張山地の北端を浸食してできた断崖、奇岩怪石の渓谷である。この渓谷を変成岩帯《へんせいがんたい》が横断しているため、急流に洗われた古代の変成岩が転石となり、非常に硬く比重も重く美しい真黒石《まぐろいし》や緑泥岩《りょくでいがん》などを産出するのである。

感通寺さんの庭は、東京空襲の際に近所の防空壕のなかで爆弾の直撃を受けた人々の供養のため、観音様の像を中心に造られている。諸霊の魂を鎮めるには、神のいる渓谷の石である神居古潭石が必要なのだろう。

平成十六年五月

空知川ラフティング

六月二十日、妻の洋子さんの親友エミちゃんが一人息子の光君と西東京市から石佛庵にやって来た。「住職もぜひ一緒にラフティングをしましょう」とのエミちゃん一言で、私も家族と一緒に空《そら》知川《ちがわ》の源流を訪ねることになった。

ラフティングは、ニュージーランドやアメリカなど世界中で行われているリバースポーツ、最近、日本でも人気のアドベンチャーである。八人乗りゴムボートに乗り込み、パドルを使って前後左右にボートを操りながら急流を下っていき、スリル溢れる体験ができる。

スタートは北落合。富良野の本要寺から国道三十八号線を空知川に沿って金山湖《かなやまこ》を通り約一時間ドライブすると、北落合にあるシーソラプチの清流の辺に着く。

ラフティングの主催はｈａｔという会社で、ボートに同乗するラフティングガイドはケンタ君二十三歳、アクティブな明るい好青年で、実質彼がコマンダーである。ケンタ君の「前漕げ、後漕げ」の号令の下、船員である私と小学二年の息子の文昭、同年齢の光君、お母さんで美人のエミちゃんは、激流に飲み込まれないように必死でパドルを漕ぐ。それでも激流で、大きな岩に座礁したり、ボートは転覆しそうになったりする。そのたびに私は息子のライフジャケットをつかみ、転落を防ぐ。まさに手に汗握る大冒険である。橋の上から妻の洋子さんが次男の文星と一緒に応援している。

川の水は東大雪《ひがしたいせつ》の雪解け水、あくまでも清く透き通り、川底のさまざまな石の色彩までよく見える。水面には川辺の奇岩を映し、心も清浄である。岸辺にそびえ立つ高さ四メートルもある金山石《かなやまいし》のような奇岩。ケンタ君はこの岩の上から川に飛び込めという。エミちゃんは二つ返事でザブンと飛び込む。私は遠慮したいと思ったのだが、息子の手前、決死の覚悟で飛び込んだ。

運命の激流に流されながら、目的地に向かうのは人生、ラフティングは私たちの人生のようである。途中、岸辺の木々の緑や水辺を低く飛ぶ水鳥の軌跡を眼で追うような、心憩うこともある。また、激流に飲み込まれそうになったり、座礁したりすることもある。しかし、仲間を信じ力を合わせてそれらの困難を克服した暁には、穏やかな目的地の岸辺にいつしかたどり着いているのである。

私はゴールの岸辺にあった青い水の精のような石を一つ、記念に持ち帰った。

平成十六年六月

龍神の池

石佛庵・本要寺の前の道路が整備され、立派な歩道も設けられることになった。石佛庵自慢のおんこ（一位）の生け垣も、道路の拡幅にともない、少し境内に後退させることになった。この仕事を担当することになった造園業者の前田さんは石佛庵の池を見て、「こんな池じゃいけない、本格的な池を造り、井戸を掘って水を流さなければ、いい寺の雰囲気が出ない。ついては私にその仕事をさせろ」といってきた。こういうのを釈迦に説法というのである。しかも、坊さんに説教して金儲けまでするというのである。少しあきれたが、内心思い当たることもあった。今、境内にある池は、私がプラスチックの池を買ってきて水を溜めているだけの仮のものなのである。

たまに火事の夢を見ることがある。いくら私が水をかけても火の勢いは衰えない。どうしてこんな夢を見るんだろうと不思議に思いながら本堂で火難よけの修法をしていて、ふと想い出した。先代石佛庵・文承師もよく火事の夢を見たことを。そして龍神さんが水を欲しがって夢を見せていることに気がついた石佛庵は、古くから境内にある八大龍王さんの石碑にポンプで水をかけていた。そのことを想い出して、私も暑くなると龍神さんの石碑にホースで水をかけているのである。

本要寺が建築される前の境内地は湿地で蛇も多くすんでいたと古老から聞いた記憶がある。私も心の奥底で、井戸を掘り清水を流した池を造らないと龍神さんも喜ばれないだろうと思っていた。

昔、石佛庵が造った空池を掘り返すと、一抱えもある石がゴロゴロ山のように出てきた。前田さんはあまりの石の多さに、「住職さん、石を捨ててもいいですか」といってきた。私は「置くところもないから捨ててもいい」といいかけて、気がついた。これらの石は私が小学生のころ、父と一緒に空知川《そらちがわ》で拾って、スクーターで一つ一つ運んできたものだと。私は思い直して、石を本堂の基礎の周りに組んでもらった。組み終わって石に水をかけて、私たちは驚いた。それらの石は、〈空知川七石〉と呼ばれた水藻《みずも》石《いし》や翡翠《ひすい》、瑪瑙《めのう》などの名石であったのである。

私はこの池の滝の下に父が最期まで磨き続けたまま中庭に放置されている空知川翡翠の名石を置こうと思っている。龍神さんの珠《たま》として。

平成十六年七月

ドラゴン・アイ

今年の北海道の夏は例年になく三十度を越える夏日が何日も続いた。本要寺の前の道路工事を担当している増山建設の作業員も炎暑のため、休憩時間は石佛庵にある龍神さんの池の前でジュースを飲みながら一時の涼をとっていた。現場監督の栃丸君は若くてハンサム、愛想がいい。彼は手水《ちょうず》石《いし》に水を注いでいる銘木の蛇口を見て、「まるで生きた本物の龍のようですね」といった。他の作業員たちも異口同音にその大自然の神秘なる造形に驚いていた。

その手水石は篤信の檀家さんである安井昌義さんのお爺さん・利作さんが寄贈されたものである。石の側面には、「昭和九年二月吉日　中富良野　安井利作」と彫られている。長い間、濁った水が溜まったままだったので、私は井戸を掘った機会に清水を流したいと考えた。ついては、水道の蛇口のようなものではなく、雰囲気のある唐金《からかね》でできた龍の口を付けようと思っていた。しかし、それらはカタログで見るといずれも高価なものばかりであった。そんな訳でポンプ屋さんの従業員である宮川さんになんとか安くて体裁のいい物を作るように頼んだところ、本物の龍のような形をした銘木でできた蛇口、いや龍口を作ってきたのである。私の長年の思いと石佛庵の龍神さんの思いが形をとって実現してきたのである。思いは実現するものである。

八月十二日、お盆の棚経でまだ忙しい最中、檀家の井山昭治さんが家のお祓いを頼んできた。檀家の中島さんが住んでいた向かいの廃屋を買って修繕し、陶芸家に貸すそうである。何でこんな忙しいときにお祓いを依頼してくるのか、井山さんに訊ねたところ、「明日は盆の入りだから、死んだ中島さんが帰ってくるからだ」という。「それでは、お祓いではなくご供養をしましょう」といって、私は仕事を引き受けた。ご供養に行くと、井山さんは「すごいでしょう」といって庭に置いてある大きな大きな龍の形をした銘木を見せてくれた。「この龍は石佛庵に来たがっているから、寺にください」というと、井山さんは快く差し上げるといってくれた。私はこの龍に瑪瑙《めのう》のペンダント・トップを眼として入れてもらった。

今、目を開いた大きな龍神さんは、蛇口の少し小さい龍神さんと一緒に仲よく石佛庵の庭にたたずんでいる。

平成十六年八月

カブレラ・ストーン——恐竜の石

先日、テレビで「人類と恐竜は共存していた」という漫画の世界のようにファンタスティックな特番をやっていた。

ペルーの首都リマから約四時間のドライブで荒涼たる砂漠のなかのオアシスであるイカの街に着く。このイカから南に二〇〇キロの地点には有名なナスカの地上絵がある。一九六一年、この街の近くを流れるイカ川が氾濫して、不思議な線刻画が刻まれた大量の石が地表に出現した。医師カブレラ博士が一万点以上も収集したので、彼の名前にちなんでこれらの石は〈カブレラ・ストーン〉と呼ばれている。

この古代人の絵が残されていたカブレラ・ストーンは一万年以上前に制作されたといわれている。この石には恐竜と人類が共存している絵が鮮明に描かれている。すなわち、ヒトが恐竜を捕まえたり、恐竜の上に乗ったりしているのである。さらには、恐竜に人が食われている絵もある。大概の人は蛇を怖がるが、これは人類が恐竜にひどい目に遭ったからといわれる。

その一方で——息子のフミちゃんもブンちゃんもそうなのだが——子供には恐竜好きが多いのも事実である。八月のお盆が終わってからの日曜日に行った札幌市手稲の恐竜ランドで、この二人は終日飽きもせず、ブラキオサウルスやトリケラトプス、そしてステゴサウルスと一緒に遊んでいた。子供たちは前世で実際に恐竜と遊んだのか、またその遺伝子には我々の先祖の楽しい記憶が残っているのかもしれない。

現在の学説では、恐竜は六五〇〇万年前に絶滅したとされている。しかし、このカブレラ・ストーンが事実だとすれば、恐竜はつい一万年前まで生息していたこととなり、ネッシーもクッシーも現在まだ生きていてもおかしくないのである。

さらに、この石には心臓移植や頭部手術など、現代でも高度な技術とされる外科手術を人間に施している絵もあるらしい。人類の歴史には今では残っていない偉大な文明が存在したらしい。私たち個人にも記憶から失われた過去世の大いなる出来事があって、ふと出会った河原の石によってそれらが思い出されることもある。

平成十六年九月

招きワニの石

大雪山系も赤や黄色の鮮やかな錦をその裾にまとい、雪が降る前に大自然の命の炎を輝かせ、絢爛たる秋となった。石佛庵の二代目和尚（私）は、この季節、日蓮上人のご報恩お会式が全国各寺院で厳修されるので、お説教や講演に呼ばれることが多い。十月二日に和尚は金沢に入り、翌日福井県大野市の円立寺にて、日蓮聖人の仏法をわかりやすく説く講習会の講師を親友の大塩孝信僧正と務めた。

真応山円立寺は永禄四年（一五六一）の創立、四五〇年以上も続く名刹である。開山は長寿院日運上人（天正五年寂）で、もと土橋の庄に創建されたが、天正三年（一五七五）、大野領主・金森長近のときに現在地に移転。代々領主の帰依厚く、その祈願所となる。但馬守直良の守本尊である出陣の清正公、鬼子母神、七面大明神などが安置されている。

円立寺住職・赤星上人は、白髪三千丈というがごとき髭を蓄え、頭はツルツルに剃髪し、年も七十歳くらいかとよく間違われるが、実は私より一歳上の五十二歳だそうである。この人はこの風格でしかも独身である。そのためか、お寺の講習会には綺麗なご婦人たちが大勢参加して、しかも甲斐甲斐しく住職の世話をしてくださる。

この異体同心の和合の相に感銘を受けた私は、「お題目を唱えて心に調和の大曼荼羅の相を現し、その調和の言葉と行いで、家庭を調和の家庭曼荼羅、菩提寺を赤星上人を中心とする寺院曼荼羅、そして日本の国や世界を平和な大曼荼羅に変えてゆきましょう」というお話をさせていただき、講習会は檀信徒一同で大いに盛り上がった。

その日の宿は住職の赤星龍寛上人が用意してくださった阿さひ旅館であった。夕刻、旅館の玄関に入って私はギクリとした。玄関の下駄箱の上に大きなワニがいるのである。よく見るとそれはワニの鱗のような肌をした石であった。

これが実は福井の亀甲石《きっこうせき》とのことである。福井の亀甲石は北海道のものに比べて目が細かく、石質は緻密であり、色は茶色がかっている。北海道の亀甲石が亀だとすれば、福井の亀甲石はワニである。女将の叔父さんが愛石家で、そこに置いていったそうである。この石を見たお客さんは、皆「あのワニの石のある旅館」といって再び訪れるそうであるから、〈招きワニ〉のような石である。

平成十六年十月

カムイコタン石の名石「輝緑」

十月八日、深川の藤原儀春さんのところに、氏が自採した神居古潭《かむいこたん》を分けてもらうため、歌志内のミーヤンこと加藤園美さんと深川の道の駅で待ち合わせた。新宿の名僧・新間僧正に約束の神居古潭石を送るためである。この日は天気もよく、石を見るにはいい日であった。藤原さんのお宅に着くと、庭には数多くの神居古潭石が並んでいた。

神居古潭石は、南は三石町から北海道の秀麗な夕張岳などの山地、上川盆地の西を通って北はサハリンに達する、南北に細長い神居古潭変成帯から高い圧力を受けた変成岩《へんせいがん》と蛇紋岩《じゃもんがん》からなる。これらの石は一億年という悠久の時をかけて、次第に地表に露出してきた。高い圧力を受けているゆえに石質は非常に堅く、磨くと重厚な質感のある光沢を放つ。また、その肌は緻密であり、触ると非常に滑らかで、美女のもち肌のようであり、同じ北海道の金山石《かなやまいし》などの姿石に対し、撫で石といわれる所以《ゆえん》である。

ミーヤンは以前藤原さん宅を訪ねたとき、石に目星をつけていたようである。新間僧正のための石は茄子紺色の肌が滑らかなものであった。だが、庭の一角に緑色のオーラを発する形もヒマラヤのカイラス山を想わせる「輝緑《きりょく》」という名石があったので、無理をいってそれと交換してもらった。

後で聞くと、藤原さんがこれだけは譲れないといっていた石だそうである。

藤原さんの気が変わるといけないので、私は早速その石をミーヤンの車に積もうとしたが、これが重くてビクともしない。神居古潭石は密度が高く重いのである。私と細くてスタイルのいいミーヤンと七十代後半の藤原夫妻ではどうにも動かないと思ったが、奇跡的に車に積むことができた。

新宿のお寺では運送屋さんが四人でやって来てこの石を降ろそうとしたが、ビクリともしなかったそうである。新間僧正が「何をやっているんだ！」と猛烈な気合いをかけて、やっと降ろすことができたとのことである。

北海道の神居古潭の名石は、重い岩盤の下から一億年の歳月をかけて露出し、さらに古潭の清流にその身を洗い、いま東京のお寺の庭で光を放っている。人も長き輪廻転生のなかで苦難という重圧にその魂の質量を高め、それぞれの人生という川の流れに心を洗い、光を現すことができるのだろう。

平成十六年十一月

記念出版『観心本尊鈔を語る』

私は、父齊藤文承師が副会長を務めていた日蓮宗霊断師会で開催している研究室の講師を今年も務めている。今年で研究室は第二十回目の開催となる。それは石佛庵の遺志を継いでのことである。

霊断師会は創立五十周年、大きな節目の年である。そのせいか、全国から選抜した十名の研究室員も多士済々である。新宿の新間僧正のご子息・新間信應上人を始めとする身長一八〇センチくらい、体重百キロ以上の重量級の格闘技をしそうな〈ミスターお坊さん〉ともいうべき四人のお上人、会創立者のお孫さんに当たる立正大学の講師を務める高佐上人、また宗門の現代宗教研究所の主任を務めたことのある早坂上人らの知的エリートたち、将来宗門を背負って立ちそうな松永上人、元ミス福岡を始めとする美人の尼僧さんたち。以上のような研究室員たちが今年の私の教え子である。

したがって、私は日蓮大聖人の教えの奥義を伝えるべく、スケジュールに都合をつけて、無理をしても毎月東京で三泊四日で開催される研究室に出講するようにしている。かくいう私も第十期の研究室出身であり、何か因縁のようなものを感じる。

因縁といえば、霊断師会の創設者である高佐日煌上人が日蓮大聖人の根本聖典ともいうべき『観心本尊鈔』を解説された講述録を『観心本尊鈔を語る』（山喜房佛書林）というタイトルで五十周年の記念に出版することになり、その編集を私が担当し、テープの音声との照合を高佐猊下の孫を含む研究室の諸君にお願いした。

私は編集後記に次のような内容を記した。

法華経は周知のごとく人類文化最高発展段階にあり、すべての思想を統合すべき位置に立つ人類思想の至宝である。日蓮大聖人はこの法華経の奥義を究め、一切衆生を救済せんとその実践宗教化をはかり、人類救済の大法を法華経の肝心一大秘法の妙法蓮華経にまとめ上げられた。時を経て、高佐日煌上人の出現によって初めて日蓮大聖人の仏法の全貌が明らかになった。この講述録は日蓮宗霊断師会、宗門にとってのみならず、全人類の無明を晴らす大灯明となるであろうことは疑うことができないものである。

この歴史的意義のある『観心本尊鈔を語る』の出版事業に、私どもが編集という立場から参加できたこと、誠に光栄至極である。また音声資料との再確認を「第二十期 新日蓮教学研究室」の諸君にお願いした。

平成十六年十二月

酉の石

平成十六年は新潟・福井地方の水害に始まり、新潟の地震、そして大風と、日本大災害の年であった。私も日本各地を講演しながら、その悲惨な爪痕を目の当たりにし、心を痛めたものである。もうこれで終わりかと思われた災害も、昨年末のスマトラ大地震とその津波によるインド洋沿岸諸国の大災害へと続いた。これは死者十五万人を越える黙示録的大災害であった。石佛庵は、平成十七年に日本と世界が更なるこのような大災害に襲われないよう、ただただ祈るのみである。そうなると気になるのは、平成十七年酉年の運勢・世界情勢である。

平成十七年の酉年の運勢・世界情勢は、昨年山積みにされた諸問題の整理に始まり、なかなか新しいスタートを切れないようであるが、そこは酉年、それらの問題の解決をバネに大きく飛翔、いや鶏は飛べないのでジャンプして欲しいものである。

昨年十二月の中央水石会の忘年会には、会員諸氏はさまざまな石を交換会に出品してきたが、なかでも会員のお目当ては、岩本猛さんが毎年持ってくる研磨された黒曜石の断面に鮮やかな色彩で描かれた干支の石である。

私は、石佛庵・本要寺に平成十七年の初詣に訪れる方たち、あるいは新年会や節分の参拝者のためにこの石を数十個購入した。檀信徒の喜ぶ顔が見たいのである。檀信徒の笑顔は住職の心の栄養である。それはまた大切にしたい宝である。

さらに、交換会の石の出品に中川さんの順番がやってきた。中川さんは中央水石会の会計をしていて、非常に責任感のある面倒見のいい人である。実は、本要寺の護持会の会計やお世話もしていただいているのであるが、水石会の会場のセッティング、宴会の料理の用意から後かたづけまで、何でも一人でやってくださる。しかも採石にも熱心に出かけ、トナシベツなどで金山石《かなやまいし》の小品・名石を多く採石してくる。

この人の石が石佛庵を訪れる愛石家へのお土産に最適なので、私はなるべく買いたいと思っている。このときは、それらの小品のなかに今にも飛び立ちそうな鶏の姿をした石があったので、私は迷わずそれを手に入れて石佛庵の玄関に飾っている。本要寺と檀信徒の皆さんの運勢が鶏のように飛翔できるように。み仏もご自身の手で自然石に干支の姿を刻んでいるのかもしれない。

平成十七年一月

倉本聰先生のミルク粥

富良野はまだ春遠く、今日は気温が零下二十一度。朝も布団から出るのがおっくうな人が多い。私はこの寒さのなか、北の峰に新雪をスベリに出かけた。近頃のフリースタイルのスキー板は深雪を自由自在に滑れて非常におもしろい。雪がしんしんと降るなか、白い衣装でスクっと立っている椴松《とどまつ》の精気も私の日頃の疲れを癒してくれる。鳥の鳴き声がするので声の方を見ると、黄連雀《きれんじゃく》が遊んでいる。寒中のせいか、心なしか太めでかわいい。

太めといえば、私も少し体重が気になりだしたので、三食をなるべくお粥にしている。減量に成功したら、『お題目とおかゆダイエット』という本を書いてベストセラーにしたいものだ。

お粥といえば、私の八十三歳になる母は毎食お粥である。お粥が消化にいいからそうしているのかと聞くと、「イヤそうじゃなくて、仏様に毎日お供えしたご飯がもったいないから、私はそれを粥にして食べているんですよ」とのことである。どう見てもあまりおいしそうなお粥ではない。よく毎日毎日三食もこのお粥を食べることができるものだと、私は内心感心している。

ところが、この母が三日前の夜、そのお粥に牛乳をかけて食べていた。「お母さん、おいしそうですね」というと、母は「イヤ、お粥が熱いから、冷たい牛乳をかけて冷まして食べているんですよ」という。

牛乳のお粥というと、「優しい時間」で大ブレーク中の倉本聰先生が、あるテレビ局のトーク番組で告白したのが〈納豆牛乳かけご飯〉だそうである。先生は富良野の自宅で朝食にこれを好んでよく食されるそうだ。「熱々ご飯に納豆を載せ、ネギを散らして、熱い牛乳をかけ、仕上げはお醤油少々」というのがレシピ。イヤ、いろいろあるんですね。しかもこれは結構美味しく、先生の奥様もお嬢様もよくお召し上がりだそうだ。

乳粥の元祖はやっぱりお釈迦様である。厳しい断食行のため骨と皮だけになったお釈迦様は、村娘のスジャーターから乳粥の供養を受けて体力を回復され、瞑想に入り悟りを開かれた。その結果、人類救済の仏教が起こったのである。実にミルク粥がなかったら仏教もなかったという話である。

中央水石会の皆さんには、丸いトルマリン石を入れてご飯を炊いている人が多い。ちなみにこれで粥を炊けば、〈トルマリン粥〉というものになる。

平成十七年二月

倉本聰先生からの招待状

喫茶〈森の時計〉から一通の封書が届いた。何だろうとドキドキしながら封を切ると、倉本聰先生からの招待状だった。そういえばこの間、東京からの帰りの飛行機で偶然、私は先生の奥さんの後ろの席だった。

拝啓　いつもお世話になっております。

さてこのたび、フジテレビ系で放映中のドラマ「優しい時間」のメイン舞台になっているコーヒー屋〈森の時計〉が、撮影終了と同時に実際に営業を開始することとなりました。

店内の家具、コーヒーカップ、ミル、他、撮影時とまったく同じ姿で皆様をお待ちいたします。軽食メニューもあるこの空間で、森を見ながら優しい時間を過ごしていただきたく、ここにご案内申し上げます。

二〇〇五年三月　　倉本聰

「優しい時間」は二十一年間継続して作成・放映された国民的人気ドラマ「北の国から」に続く倉本聰先生の十五年ぶりの新作。今度のドラマの主人公・勇吉（寺尾聡）は、黒板五郎とだいぶ雰囲気が違って、物静かで教養のある感じである。

このドラマは、同じ富良野の美しい大自然を舞台にしながら、「北の国から」とは少し違った角度から、人と人との心のふれあいを、勇吉と息子の拓郎の切れかかった親子の絆の再結を軸に描いている。

富良野に住む人間としての見所は、登場人物やその舞台に実際のモデルがあることである。たとえば、磨赤兒演ずる皆空窯《かいくうがま》の主人である天野六介には、実際、南さんというモデルがいる。実際の人物はハンサムで知的であり、磨さんとは対照的な雰囲気の人である。奥さんは天野洋子を演ずる朝加真由美同様の美人である。また、ドラマのなかにでてくる〈ちっこ食堂〉などのラーメンは本当に旨い。特に酒を飲んだ後の味がまた格別である。食堂のオバサンなどは「今度テレビに出るから見てね」と上機嫌である。

私も早速この二十一日に〈森の時計〉を覗きに出かけたが、長蛇の列。春とはいえまだ肌寒い気候のなか、一時間半の待ち時間。私には「優しくない時間」と思い、なかにあるはずの麓郷の石の壁などを見るのを我慢して、石佛庵に帰ることにした。

平成十七年三月

木内鶴彦氏の臨死体験と石

臨死体験とは、人が心臓停止、いわゆる死の状態に陥ったときの体験をいう。つまり、死にかけた人が奇跡的に意識を回復したときに語る不思議な体験である。

興味深いことに、臨死体験は釈迦やキリストの深い宗教的意識体験すなわち悟りに近似しており、しかも近年、レイモンド・ムーディ博士やエリザベス・キューブラー＝ロスの研究をきっかけに、心理学者、精神医、脳生理学者などの研究対象ともなってきている。

評論家の立花隆氏の著書『証言・臨死体験』（文藝春秋）に掲載されている木内鶴彦氏の臨死体験は、非常に興味深い。木内氏は四つの彗星を発見した世界的なコメット・ハンターであるが、十二指腸閉塞から臨死の世界に入る。氏は体から魂が離脱した状態で時間を乗り越え、六歳の夏のある日に帰った。その日、彼は兄や姉と一緒に家の近くの千曲川に川遊びに行った。大きな石がゴロゴロしている河岸段丘《かがんだんきゅう》の斜面を降りて川原に出ようとして、木内さんは姉の後ろを歩いていた。そのとき、後ろから突然「危ない」という声が聞こえた。その声にパッと目を上げると、姉がいま足を乗せようとする石とその上の大きな石がゆるんでいて、姉がそのまま足を乗せると、大きな石が姉のところにころげ落ちて直撃しそうだ、ということがわかった。それで、後ろから姉を突き飛ばした。姉は後ろから押され、前に転んだ。そのため、上から落ちた大きな石は姉を直撃せずに落ちていった。転ぶときにちょっとケガをしたけど、転んだおかげで姉は助かった。

だが、姉が転んでケガをしたのも、大きな石が落ちてきたのも、木内さんが突き飛ばしたせいだと皆は思った。「姉を大きな石から守るため突き飛ばしたんだ」といくら説明しても、だれも信じてくれなかった。それで、時間を超えて、その日の場面に戻ってみた。そして、その場面をいわば見物客のようにもう一度見ているうちに、例の石が見えてきて、それが落ちそうになっているのに気がついたとたん、「危ない！」と自分で叫んでしまった。そうしたら、そこにいた小さいときの自分がこっちをパッと振り返った。つまり「危ない」といったのは、未来から来た大人の自分だった。

臨死体験は空間も時間も超越しているようである。いや、千曲川の石が時空間を超えて存在しているのだろうか。

平成十七年四月

鼈甲のめがね

父の写真を眺めると、石佛庵は眼鏡をして、いつもそのレンズの奥から優しく笑っている。父の眼鏡は、レトロな感じのメタルフレームに鼈甲を巻いたような形をしていた。

富良野にある宝屋時計店の串崎さんが鼈甲巻の眼鏡を出して、「和尚、こんな形のメガネはどうですか」というので、オジサン風だなと思ったが、してみた。串崎さんは、「和尚のために誂えたように、よく似合います」と持ち上げるので、つい買ってしまった。商売上手な人である。レトロな感じなので、この眼鏡を葬儀法要のときにつけているが、父の知り合いにはその眼鏡をかけた私の姿を見て、「文承さんかと思った」といって驚く人が多い。驚くだけでなく、私のことを以前より大事にしてくれるので、最近ではよくこの眼鏡をしている。父はいまだいろいろな場面で私を助けてくれるのである。

鼈甲はタイマイという海亀の甲羅で作られた製品のことをいう。タイマイの細工物は江戸時代まで「玳瑁」と書かれていた。これを「鼈甲」と呼ぶようになったのは、徳川十二代将軍・家慶《いえよし》のとき、贅沢を禁止する「奢侈禁止令」（天保十二年、一八四一年）が出されて「玳瑁」が使えなくなったので、これを逃れるために「鼈甲」と言い換えたかのがきっかけだそうである。

正倉院には古くから、玳瑁螺鈿八角箱や鼈甲を張った琵琶などが宝物として伝えられている。その後、ポルトガル船やスペイン船が来航し、次第に多くの鼈甲が輸入され、元禄時代には女性の装飾品として盛んに使われ、技術も発達した。

タイマイの甲羅はタンパク繊維が主体である。鼈甲の眼鏡は自然の素材なので肌あたりがよく、掛け心地がいい。また鼈甲の眼鏡は色の薄いものほど価格が高くなる。

この飴色のフレームを透かしてみると、私がまだ五歳だった昭和三十年代の始のころ、父の膝の上で遊んでいた自分や兄の姿が見えてくる。さらにじっと目をこらすと、龍宮城で乙姫さまと遊んでいる亀さんの姿が見えてくるようだ。そんなロマンがあるから、お坊さんでも本山の貫主と呼ばれるような老僧は、よく飴色の鼈甲の眼鏡をしているのかもしれない。

平成十七年五月

鎮魂の石

富良野は今が一番いい季節、六月の光が溢れ、祖父の作った牡丹荘の小窓からは爽やかな風が入ってくる。中庭の薄いピンクの牡丹がみずみずしい。この部屋には祖父の写真と祖父がお仕えしていた池上本門寺第七十三世貫首・酒井日慎猊下と身延山第八十三世法主・望月日謙猊下の写真が飾ってある。

ここはなぜか心が落ち着くので、最近私はここで読書することが多い。日蓮仏教の優位性を立証するため、世界の宗教を勉強しているのだが、『古神道の本』（学研）におもしろいことが書かれていた。

鎮魂法は古神道の最も重要な修行法である。『令義解』では次のように説明している。「鎮は安なり、人の陽気を魂といふ、魂は運なり。言ふは離遊の運魂を招きて身体の中府に鎮む。ゆえに鎮魂といふ」。すなわち、鎮魂法とは、心を静め、大宇宙に遍満する神の気を臍下丹田《せいかたんでん》に取り込むことである。このとき、〈鎮魂石〉を使う。石は清明な山、川、海辺で探し、適当なものが手に入ったならば、それを水で洗い、塩で清めて三方にその鎮魂石を安置し、静かにその前に正座する。そして、胸前に鎮魂印を結び軽く目を閉じ、その石に集中すること二、三十分間。鎮魂が深まってくると、意識が冴え渡り清澄となって耳がシーンとし、目を閉じていても石が見えだしたりする。雑念妄想は消えて天地の玄気と一体となった境地となる。また、時には体外離脱することもあるという。人によっては、身体に霊気を感じたり、自然と体が動きだしたりするなどの異常が生じるが、意に介する必要はない。自然と治まるものだそうだ。

おもしろいことに、この鎮魂法が効くようになると石に変化が起きる。鎮魂後にその石の重量を計ると、その石の重量が増えたり、逆に重量が減ったりするので、その鎮魂の程度がわかるそうである。

思うに、大宇宙の神の意識は石のなかで鎮まっているのであろう。この石に意識を集中・同調することで、我々の魂も鎮まるのではないか。この古い部屋には父の十八センチくらいの神居古潭《かむいこたん》の真黒石《まぐろいし》があり、私は何気なくその石を机の上に置いて本を読んでいた。ちょうどいい石だったので、早速三方に載せて鎮魂してみると、心がよく鎮まった。

平成十七年六月

石曼陀羅

先月後半は非常に慌ただしい日々を過ごした。六月二十六日には京都にある日蓮宗の本山の一つ本満寺で檀信徒の皆様にお話をし、二十七日の午後からは東京のホテル・ユーポートでお坊さんの講師さんたちの前で模範講義をさせていただいた。そして二十八日は空路熊本に移動し、二十九日には熊本のお坊さんの研修会で講義をした。少しハード・スケジュールである。

私は二十五日に石佛庵・本要寺を出発するとき、本堂のご本尊様に、「急に亡くなるお檀家さんがあるかもしれませんが、すべての仕事・義務が果たせますように」と、手を合わせ心から祈願した。

伊丹空港に降りると、すぐに自宅から携帯電話が鳴った。「旭川のお檀家さんのおじいちゃんが亡くなりました。二十八日は友引なので二十七日が葬儀の予定です」との内容である。

私は突然の電話に少し驚いたが、なかば予想した内容であったので、心を落ち着けて仕事の段取りを空港で考え、早速二十六日夕方の飛行機を探してみた。しかし北海道はラベンダーの季節が始まり、飛行機に空席がない。やっとのことで伊丹から東京乗り換え札幌行きのチケットを手に入れることができた。

本山本満寺さんでの講演を終え、庭にたたずみながらふと目をやると、白い玉砂利の上に高さ一五〇センチくらいの大きな黒い石が鎮座していた。その石の上三分の二くらいを磨いた部分には渦巻きのような同心円がいくつも描かれ、上部に「妙法」と刻まれている。本山の貫主様である伊丹栄彰猊下にお聞きすると、「これは先代の貫主様が作られた〈石曼陀羅〉というものです」とのことである。

そばにある碑には、

石曼陀羅　日輪　天日の恵み、教えは永遠無限のもの。布施、持戒、忍辱、精進、禅定、智慧、自浄の七徳を拝し、日々の安心、無事をいのる道でもある。七つの日輪を拝し、その教えに合掌し、涅槃の世界に導く仏石である。

第六十一世貫主　三好龍紳日受

とあった。

曼陀羅とはすべての命の善きものが円《まど》かに集まったもの、大いなる命の調和の姿、人生という命の旅の案内図でもある。私はこの石曼陀羅に手を合わせ、みずからの布教の旅のつつがなきことを祈った。幸いすべての講演は、葬儀も含め、つつがなく円満に終わった。

平成十七年七月

名石七面山

今年の夏は北海道も連日三十度以上の猛暑が続いた。その暑い夏の始まりである七月二十九日の夜、以前から健康が気になっていた檀家さんで九十一歳になる伊藤スヱさんが亡くなったと、突然の電話が入った。お婆ちゃんは何年も娘さんの家で暮らしていた。したがって、枕経は娘さんである盛永さんの家に伺って行った。

盛永さんの家に伺うのは実は初めてであった。お婆ちゃんの安らかなお顔を拝見し、お経を上げて少し安心して部屋を見て驚いた。そう広くない部屋に、アンモナイト、金山石《かなやまいし》、古潭石《こたんせき》などの名石が所狭しとたくさん飾られているのである。ふと壁を見ると、誉平《ポンピラ》の名石の後ろに石佛庵の書が添えられた絵が軸になって掛けられていた。書は漢詩でこう書かれていた。

題　誉平銘石　秘境

秘境弧月残　　茅舎梅花淡

松籟訪人無　　平家楽清貧

この誉平石は中国の西域・シルクロードの辺にあるような奇岩の姿をしている。石佛庵の見事な絵に漢詩まで添えられており、よほど父も興に乗ったのであろう。この掛け軸を見て私は、若くして亡くなった父の友人・盛永重一さんのお宅であることに気がついた。

盛永重一さんは盆栽や水石《すいせき》が大好きで、その趣味の時間を作るため、仕事も自由に時間がとれるクリーニング屋さんを営業していた。そうして、その余暇は石佛庵や町屋さんと探石や野草・蕗取りに興じた。父はたびたび盛永さんのお宅を訪ね、水石談義に花を咲かせたとのこと。盛永さんは奥さんの葉子さんにも毎晩いろいろな石の話をしてくれる、優しい夫であったそうだ。

奥さんに「お宅の石で一番の名石は何ですか」とお聞きすると、奥さんは「それはやはりこの七面山です」といって金山石の名品を見せてくださった。この石は日蓮宗の聖地である七面山の佇まいがあるところから名づけられたようである。この石を納めた箱には父の字で「七面山」と名が記され、蓋の裏には日蓮聖人の説法を聞きに来た七面天女の話が書かれていた。

盛永家の水石のコレクションに、二十数年前の元気な父とその石友たちの姿が浮かんでくるのであった。

平成十七年八月

先祖供養

九月の初旬、檀家さんである米田さんの奥さんが息を切らせて石佛庵に駆け込んできた。突然、「和尚さん、いわれたことは何でもしますから、助けてください。次から次へと事故が起こるんです」という。あまり要領を得ないので、詳しくお聞きした。

米田さんの奥さんは農業を営んでいるが、長男が大変優秀なので、朝まだ暗いうちから働き、夜は居酒屋で仕事をし、その息子を国立の北海道大学、そして同大学の大学院を卒業させた。卒業後、長男は結婚し、道庁に就職して稚内に勤務した。その妻も同じく北海道大学大学院の出身で、道庁で働き、任地は夫と別で遠く釧路であった。長男は週末に新妻に会いたい一心で稚内から釧路に向かうが、途中、疲れから事故を起こしてしまった。昨年十一月のことである。事故のショックからか、息子夫婦は「夫婦は一緒にいなくては」といい、二人で道庁を退職。今は牛飼いの研修をしているそうである。

不幸はそれだけではなかった。保健師の次男が今年二月に、雪道で突然センターラインを飛び出してきた対向車を避けるため路外に転落、車を大破する。三男はまだ旭川工業高等専門学校の生徒であるが、お盆の八月十四日に旭川から富良野に帰省する途中、事故を起こし入院中である。また米田さんのご主人も倉庫の棚からものを降ろすとき、一緒に落ちてきた鉄棒で前歯を全部折ってしまった。奥さんもそれらのショックで、目も耳もときどき見えなくなったり聞こえなくなったりするそうである。

私は、早速、み仏にお伺いを立ててみると、「ご先祖は米田家の家族を護ろうとしているが、護れない。その原因は正しくご先祖を供養していないからである」との霊示であった。その話をすると、奥さんは「まったくその通りです。何とかしてください」と境内の玉砂利の上に土下座までするのであった。二日後に米田家の家族とともにお墓でご先祖をご供養して家のお祓いをし、お茶をご馳走になっていると、突然、入院中の三男から電話があった。「検査の結果、今、医師から破裂していた内臓の手術をしなくてもよくなったと告げられました」とのことである。奥さんは息子に「今、ご先祖のご供養が終わったところなんですよ、きっとそのおかげだよ」と告げた。三男も電話の向こうで「僕もそのおかげだと思います」といったそうである。

平成十七年九月

上ホロカメットク山

「北の国から」の富良野も絢爛たる錦秋の紅葉の季節となった。私は毎年、十勝連峰にある上ホロカメットク山の神様にお参りに行っている。紅葉狩りを兼ねてのことであるが、山は荘厳・神秘に満ち、自然に頭の下がる思いがする。

上ホロカメットク山は主峰十勝岳の南隣にあり、西側山腹は安政火口と呼ばれる爆裂火口で、頂上直下は火口壁の断崖である。十勝岳温泉・凌雲閣から安政火口の向こうにそびえ立つこの山を見上げることができる。

山名の由来はアイヌ語のカムイホロカメットヌプリに由来し、「河口と反対方向に流れる川の向かいにある奥深い山」の意味である。冬の雪に覆われたこの山はカナダあたりの高山を想わせる。

この山に妻、長男の文昭、次男の文星それぞれの健康や成長を祈願した後は、凌雲閣の温泉に浸かるのが、わがファミリー最高の楽しみである。凌雲閣温泉は懸崖に建ち、上富良野の町を遥か眼下に見渡す大パノラマ、標高一二八〇メートル、温泉宿としては北海道で最も高地にある。夜の露天風呂は山岳の雰囲気そのもの、冷え込んだ上空の夜気が湯面の湯気を竜巻状にビュービューと音を立て吸い上げてゆくそうである。露天風呂から望む十勝連峰、特に上ホロカメットクの四季折々の山容が美しい景観を創っている。この迫力は旅館の露天風呂としては全国屈指のものである。熱い土類泉《どるいせん》と温めの緑礬泉《りょくばんせん》のハーモニーもよく、交代浴でいつまでも入っていられる。

先日、檀家さんの法事におじゃまして、偶然稜雲閣のご主人の会田義寛さん夫妻とお話しする機会があった。噴火口から温泉をパイプラインで引いてきてそれを維持する苦労は、想像を絶するものがある。私が、「毎年上ホロカメットク山の神様にお参りしているのですが、今年は行けなくて残念です」と申し上げると、ご主人は、「今年の紅葉は特に綺麗でした。しかし、先日の風で葉が落ちてしまいました」とのこと。

また、上ホロカメットク山の神様のご神体として大きな石を祀っているとのことである。日本の神社のご神体は森や大きな石であることが多い。それらの石に心を向けると、実に心が落ち着くようである。私も緑の神居古潭石《かむいこたんせき》を時折見ては、気を鎮めながらこの原稿を書いている。

平成十七年十月

新島のコーガ石

「北の国から」の富良野も白一色の白銀の世界になった。亡き石佛庵・文承も「ああ寒い。暖かいところに行きたいもんだ」とよく呟いていたものである。私も年のせいか、冬の始まり、季節の変わり目には寒さが応えるようになった。そんな十一月に新島のお珠ちゃんから手紙が来た。

柿の実が色づく季節となりました。こちら新島ではブーゲンビリアやハイビスカスがまだ咲いています。このたび清道衆講習会を開催しますので、講師をお引き受けください。

お珠ちゃんこと妙珠上人の師父・光枝海元上人が住職をする長栄寺さんでのお説教の依頼である。暖かい新島に三浦惠伸上人と二人で喜んで出かけた。

新島は東京都に属する南の島である。十二日の夜十時、竹芝桟橋から船に乗り、翌朝八時半に島に到着すると、青い青い海辺でお珠ちゃんが笑顔で待っていた。青い空と白い砂浜から海へ感動が突き抜けるダイナミックな島が新島。白い崖と海のコントラストはイングランドのドーバーの崖を想わせる。道ばたにある巨大なコーガ石の彫刻を眺めながら丘を登ると、ギリシャのパルテノン神殿風の露天風呂まである。圧巻なのは、石の彫刻の動物たちが遊んでいる石の動物園である。コーガ（抗火）石の石像の猿や亀、河馬さんたちが待っている。

長栄寺さんは一四一五年、中山法宣院三世・日英上人の開創になる寺である。コーガ石でできた山門の下に立つと、荘厳な本堂が屏風のような裏山を背に建っている。境内を右手に抜けると、白砂を敷き詰めた墓地にでる。お墓はそれぞれの家庭で丹誠された美しい花で飾られている。お墓の一角には流人の墓地があり、望郷の念止みがたく当地で没した流人たちの想いが留まっている。生前好きだった酒樽やサイコロ賭博の鉢の形をした墓が、その流人たちの心を慰めている。

長栄寺さんで、当地に伝わる非常に音楽的で情緒的なご詠歌の節にのせて唄うお題目を檀信徒の皆さんとお唱えした感動を胸に、お題目の信仰を語ることができた。

翌十四日、向山のコーガ石の採掘場を訪れた。ここからは眼下に広がる青い海と島々を一望できる。ふと足元を見ると、軽石のような手頃なコーガ石があったので、新島布教の旅の思い出にその石を拾った。石佛庵のコレクションに新たな石がまた一つ増えた。

平成十七年十一月

大黒さんの虎目石

十月二十二日に身延山に出かけた。日蓮教学研究発表大会に参加し、日蓮大聖人の輪廻転生観について研究発表するためであった。この研究発表に参加すること十年、やっと「研究発表十年連続参加」という私の誓願も神仏の加護により果たされた。本当に心から日蓮大聖人を始め諸仏菩薩に感謝でいっぱいである。

身延山大学での研究発表を終え、いつも笑顔を絶やさない奥さんのいる数珠屋さんの松司軒に寄った。女将さんはいつものようにニコニコ私を迎え、お茶を入れてくださり、「お上人さん、今日はちょうど彫りあがった大黒さんのお像が仏師さんから届いたところです。どうぞお顔を拝んでください」という。実は松司軒に入ってくる大黒さんはお顔がいいので、いつか手に入れたいと念願していた。包みを解いて現れた大黒さんの尊顔は笑顔で光り輝いていた。ぜひ手に入れて本要寺にお迎えし、檀家さんたちが豊かになるようお祈りしたいと思った。しかし高価なので、即決はできない。石佛庵に帰ってから返事をすることにした。自坊に帰っても大黒さんは私の心のなかでニコニコしながら、「ぜひ本要寺に行きたい」とおっしゃるので、大黒さんを送ってくれるように電話をした。

十一月に入り、夜寝てから体外離脱をすると、本堂に出た。本堂の仏さんたちを見ると、なぜか仏さんと仏さんの間に瑪瑙《めのう》やアメジストなどのいろいろな美しい石が一緒に飾られている。私は拝む自分の心が美しく澄み切った珠《たま》になるよう水晶の珠を仏様の前に飾っているが、この光景には驚いた。しかし、石と仏さんたちは意外にマッチして、これが本当の「石佛庵」かと思い、一人笑った。ゆくゆくは綺麗な石も飾っていきたいと心ひそかに思った。

ところで、大黒さんにはお米と塩をお供えしているが、何か金運を呼びそうなパワーストーンをお供えしようと、このとき思った。ちょうど手元に以前競売で手に入れた虎目石の大きな珠があったので、それをお供えすることにした。

虎目石は、リーベック閃石の繊維状結晶に二酸化ケイ素に富んだ熱水が浸み込んで固化したものである。内部のリーベック閃石による繊維状構造のため、適切にカットされた虎目石は、黄金に光る虎目効果が現れる。虎目石は仕事運・金運・不動産運を高めるパワーストーンなのである。

平成十七年十二月

『愛石の友』の森先生の携帯石

今年の冬は昨年の十二月から零下二十度前後の日が続き、私も「こんな寒いところはイヤだ。暖かいところに住みたい」と、耳の遠くなってきた母に向かってブツブツいう日が続いた。そんな寝言のような独り言をいっているうちに――悲しいことか嬉しいことか定かではないのだが――体が寒さに慣れてきた。

零下二十度の日は必ず晴天、雲がないので地表の熱はどんどん大空に逃げてしまうため寒いのである。こんな日は空気中の水分がすべて凍り、太陽の光を受けて輝く。これがダイヤモンドダストである。寒い大気のなかにあっても太陽の光を受ければ体は温かくなる。おまけに煌めく大気の向こうには、抜けるような青空に雪で純白に輝く芦別岳が聳えている。ここで、幸せを感じないと罰が当たるかもしれない。

ところで、今年は私がいつもうらやんでいる暖かいはずの本州は、シベリアからの寒波に見舞われ、特に大雪に降り込められ孤立した地域も多いという。富良野は寒いが、その寒気のゆえに降雪量は少ない。石佛庵のお檀家さんと、「寒さは辛抱すればよいから、雪の多い地方に比べたら、私たちはまだ幸せだね」などとお話ししている。

こんな寒い時期に石佛庵では、年始参りと称して、お檀家さんの一年の無事を祈願して歩く。遠く札幌や旭川のお檀家さんに行くときは、ホテル泊まりになる。雪道のドライブで疲れる上、ホテルでは何となく落ち着かないので、私は父の残した山の姿をした小さな金山石《かなやまいし》を持っていき、ホテルの部屋に置いてみることにした。そうすると、ずいぶんと心が癒され、落ち着くのである。実際の山の向こうには霊界の山並みが続くそうであるが、名石の山の姿は自分の心象風景の懐かしい山容を写しているのであろう。

この携帯石のアイデアは『愛石の友』の森先生が教えてくれた。『石佛庵記 Ⅲ』の出版の打ち合わせで吉祥寺のホテルのロビーで先生とお会いしたときのことである。先生はにっこり笑って小さな石をジャケットのポケットから出された。その石は親指と人差し指で作った輪のなかに入ってしまう大きさであった。しかも石には台まで付いている。「齊藤さん、実はこれは中国の石で、私はいつもこの石をポケットに入れて歩いているんですよ。この石を差し上げます」とその珍しい中国の携帯石を私にくださったのである。

平成十八年一月

新宿住友ビル最上階の石

二月十三日から十五日の三日間で、日蓮教学の講師養成講習および試験を世田谷の大きなお寺で開催した。模範講義はだいたい私がしたのだが、受講生の多くはより素晴らしい講義をしてくれた。大聖人の教えの研鑽とその講義には、信仰と、愛情と、情熱、そして感動が必要である。みずから感動しない者の話は聞く人の心を動かし得ない。それは音叉を二つ並べると互いに共鳴しあうように、語る者が感動してこそ初めて相手にも伝わるからである。

また道を説く人はロウソクが身を燃やしてあたりを照らしてくれるように、その身を真理に捧げなければ世の道を照らす光たり得ない。法を説く教学講師とは、自己犠牲があってはじめて到達できる境地にある。

受講生は二十二名であったが、それぞれに個性があり、語り口も異なる。私は受講生に、「今はまだ合格には至らない者もいるが、それぞれの登り口から不断の教学の研鑽を続けることによって、全員が日蓮教学という高山の頂にいつかともに立ち得るのである」と、講義の終わりにお話しした。

日蓮教学の権威である野澤先生が、講師スタッフに最終日の十五日に食事をしようとお誘いくださった。レストランは新宿住友三角ビルの五十二階の瀬里奈である。この店はおいしい牛肉を鉄板で焼いて食べさせてくれる。メニューはお薦めのヒレステーキランチを選んだ。もちろんお肉もおいしいが、ニンニクをカリカリに焼いたものや、脂をカリカリに焼いたのがまた旨い。

瀬里奈はビルの最上階にあるので、雲の上から東京の街を眺めての食事は最高である。美味しいステーキを口に運びながら目を外にやると、下界の苦労も忘れる心地である。ふと窓の脇の方を見ると、そこに御影石でできた石のオブジェがあった。これがまた少し無機質な観がある高層ビルにあって、私たちに癒しと安らぎを与えてくれる。このオブジェは三つのパーツで構成されているが、見ようによっては若葉が開きかけたような形をしている。

科学が発展し、ますますビルが高くなり、人類の居住空間が大地から遠ざかっても、人の心はその生まれ出てきた母なる大地を離れることはできない。ゆえに人は高層ビルの上に大地を象徴する重い石を運び上げるのだろう。

平成十八年二月

鬼石坊主地獄

二月二十一日から二十三日の三日間の予定で大分の建光行上人のお寺である妙経寺に参集した。日蓮宗霊断師会の聖徒さんたちの上級テキストを作成するためである。このテキストは日蓮大聖人の仏教が深く、しかもわかりやすいように工夫して作成している。一日目は妙経寺さんに、二日目は別府のホテル・清風に缶詰になって一生懸命原稿を校正したので、その精神的疲労は絶大であった。

二日目の夜はテキスト編集のスタッフの慰労をかねて、一行六名で臼杵《うすき》まで足を伸ばして、ふぐをご馳走になることになった。料亭は明治十一年創業、臼杵の味の奥座敷・喜楽庵である。

臼杵のふぐは潮流の速い豊後水道で育ったものをそのまま厚めに引いている。そのため、コリコリした食感があり、薬味を効かせたポン酢につけても、ふぐの甘みがしっかりと口のなかに広がる逸品である。また大分ではポン酢に肝を溶いてそれにふぐをつけて食べるのが特徴であり、味わい深い。十二月から入る白子は、塩焼き、そして白子酒でいただくが、特に白子酒は口触りがよく絶品であり、たくさんいただいてしまった。

二十三日の午前中は少し時間に余裕ができたので、別府名物の地獄巡りをすることにした。この地獄は古くから存在し、天平五年（七三三）編纂の『豊後風土記』には、鉄輪、亀川温泉の地獄地帯では千年以上も昔より噴気、熱泥、熱湯などが噴出していたことが記されている。近寄ることもできない忌み嫌われた土地というような意味で、里人らが「地獄」と名づけたことによる。今も鉄輪では、熱泉噴出口を「地獄」と呼んでいる。この地獄には海地獄、鬼石坊主地獄、山地獄、かまど地獄、鬼山地獄、白池地獄の六つの地獄が歩いてまわれる距離にあり、そこから約三キロ離れたところに血の池地獄と龍巻地獄がある。

〈鬼石坊主地獄〉は灰色の熱泥が沸騰する様子が坊主頭に似ていることから「坊主地獄」と呼ばれるようになったそうである。決してお坊さんが堕ちる地獄ではない。「昨夜、美味しいふぐをたくさんいただいたので大丈夫か？」との意見もあったが、いいテキストを作っているので大丈夫との結論に達した。

ちなみに、坊主地獄の周りには鬼のような石がたくさんあった。

平成十八年三月

ハリー・ポッターと賢者の石

三月の中央水石会例会は参加者がすこし少なく、寂しかった。しかし、石の方は、釜沢さんが名石を持ってきて、にぎやかだった。参加者が少ないので、私が安い値段でその金山石《かなやまいし》を手に入れた。一抱えもある遠山の姿をした石佛庵にふさわしい名石である。また、釜沢さんは濃い緑色の神居古《かむいこ》潭《たん》のさざれ石も持ってきたので、それも手に入れることができた。しかし、石の台が白木で貧相だったので、私は中川さんに濃い茶に塗ってもらうようお願いした。二、三日で中川さんは台を完成して石佛庵に届けてくださった。深い茶色に塗られた台の上に鎮座した神居古潭石は、質感を増して私に迫ってくる。

最近、私は神居古潭石が好きになってきた。硬質でしかも滑らかな光沢を放ち深い質感のある神居古潭石は、わたしの意識を深い無意識の向こうにある深層へと誘うのである。その意識の場には、永遠なる命の根源が存在するような気がする。名石は人間の意識を仏の世界に導くのではないか？

『ハリー・ポッターと賢者の石』という映画がヒットした。賢者の石とは、中世ヨーロッパの錬金術師が鉛などの卑金属を金に変える際、触媒となると考えた石である。この石はまた、人間に不老不死の永遠の生命を与えることができるとされている。賢者の石はまた「哲学者の石」「天上の石」「赤きティンクトゥラ」「第五実体」などとも呼ばれ、錬金術師たちはさまざまな手段を用いてこれを求めた。それによって錬金術が発達したといわれている。

賢者の石の価値はそれが卑金属を金に変え、人に富をもたらすことにあるのではなく、人間に永遠の生命を与えることにあるようだ。しかし、有限な死すべき肉体の生命が永遠の命に変わることはあり得ない。その真相は、人間の命の本質は永遠であるから、石の導きによって人がその事実を知ることにあるのだろう。

なぜ石にそんな神秘的な力があるのだろう。それは石のなかにも宿る大宇宙の神仏が、その石の永遠の沈黙を通して、かえって能弁に、直接人の意識の深層に語りかけてくるからであろう。

石は、人生の毀誉褒貶にあって、人を慰め、癒し、活力を与えてくれる、物言わぬ友といえる。

平成十八年四月

寒苦鳥

「北の国から」にもやっと遅い春がきて、桜も満開である。五月十七日の早朝、目覚めた私は桜を見に出かけた。朝日が丘の桜は日赤の森から丘の中腹の桜林を見るのが最高である。ここの桜を見ると、冬の間はこんな寒いところはもうイヤだとブツブツいっていた私も、「富良野は本当に美しいところです。こんな町に住んでいる自分は本当に幸せです」と人に語りだす。先代の石佛庵も「富良野は寒いから、暖かいところに行きたい」と口癖のようにいっていたものである。その父は私が子供のころ、よく寒苦鳥《かんくちょう》の話をしてくれた。

寒苦鳥とはインドの雪山《ヒマラヤ》に住むとされる想像上の鳥である。夜は穴居《けっきょ》して寒さに苦しむので明日は巣を造ろうと鳴くが、朝日を浴びるとたんに寒苦を忘れ、今日明日の命も保証しがたい無常な世のなかに巣造りなどしても意味がないと鳴き通して、毎日を送るという。現世の苦界にあえぎながら、出離解脱の道、すなわち仏法を求めない凡夫の懈怠《けだい》に喩えられる。

冬休みや夏休みに、まだ休みはたくさんあるといって宿題をしないで遊んでばかりで過ごし、もう日にちがなくなってからいつも焦っていた私に、父は「おまえは寒苦鳥だ」といって、説教しながら宿題を見てくれたものだった。

桜を見た十七日の午後には千葉県鴨川まで出かけた。翌十八日に千倉の顕本寺さんで一日伝道の講師を依頼されていたからである。旭川空港から空路羽田へ、羽田からはバスでアクアラインを通り、海の下を抜けて袖ヶ浦に出た。袖ヶ浦には私が副所長を勤める研究所の主任である顕本寺の若上人が車で迎えに来てくださった。

夜は齊藤が来るならと来てくださった本山鏡忍寺の原猊下と、顕本寺の小泉住職ならびに若上人と、鴨川グランドホテルで夕食をご一緒した。話題は宗門のあり方から日本の未来にまで及んだ。またご住職から、「翌日の法話には、この南房総千倉の地は気候温暖で人々も少しのんびりしているので、少し北海道の厳しい話をしてください」との仰せがあった。十八日、私は冬の厳しい寒さのなかをスキーや犬ぞり、そして後にはスクーターで檀家さんを回っていた父・石佛庵のお題目の神秘に満ちた人生のお話をさせていただいた。

なお、顕本寺さんは大きな庭石のある石を愛するお寺だった。石に導かれるお説教の旅である。

平成十八年五月

居酒屋〈くまげら〉の青虎石

空知川《そらちがわ》に産する青虎石《あおとらいし》は硬質な青緑色で濃淡のストライプ模様が美しい。石佛庵の玄関にも父のとってきた大きく見事な青虎石があるのが、私は以前から一抱えほどの手頃な大きさの名石を求めていた。中央水石会の交換会にまれに出品されることがあるが、形、色、大きさ三拍子そろった石はなかなか現れない。大きさと色がよくても形が悪かったりするのである。

去年の八月のお盆に札幌の川西さん宅に棚経に伺ったときのことである。帰りしなにふと玄関のフロアーに目をやると、金山石《かなやまいし》と青虎石が無造作に置かれている。川西さんは、「この石は富良野から運んできたものですが、私ももう歳ですから、住職、よかったらどちらか差し上げましょう」とおっしゃるので、青虎石をいただいた。しかし、この石も大きさと色は素晴らしいのだが、形がもう少しであった。

ところで以前、石の会の競りで手頃な大きさの平たくいい形の青虎石を手に入れた。少々色に難があったが、私はお客さんの接待によく使う富良野の〈くまげら〉にある自在鍵の掛かった炉端のある部屋にその石を置くことにした。富良野を訪れる各界の要人がこの部屋で食事をすることが多い。そんなお客さんたちに空知川を代表する石を見て欲しいと思ったからである。

この石を撫でながら囲炉裏の山賊鍋を囲んで〈くまげら〉のマスターの話を聞いていると、ここを錚々たる顔ぶれのお客さんたちが訪れるとのことである。そのなかには紀宮様もいらっしゃるそうで、特に宮様は毎年のように富良野を訪れてはこの部屋でお食事されるとのことであった。そんな多くのお客さんの目当ては山賊鍋である。この〈くまげら〉の山賊鍋は、鹿、熊、鶏などの肉の入った野趣溢れる味噌仕立ての絶品である。しかし、少しお酒の入ったマスターのおもしろい話はもっと絶品である。

宮様までがこの部屋にいらっしゃると聞いた私は、あわてて手にした割り箸の先端でその部屋に置いた青虎石をこすり始めた。すると表面に塗られて少し黒く変色した油のような被膜がはがれ、石本来の綺麗な緑の地肌が現れてきた。実はこの石は大きさも形もよかったのであるが、油を塗ってあったので黒く変色していたのである。化粧を落としたこの石は、私の求めていた理想の青虎石であった。

私の家内の洋子さんも結婚前は少し色が黒かったが、結婚後数年で私の好きな色白になった。実は日焼けだったのである。

平成十八年六月

日本画の巨匠・後藤純男先生からの便り

五月の末、久しぶりに日本画の巨匠・後藤純男先生から突然の便りがあった。

謹啓　新緑の候、ますますご健勝のこととお慶び申し上げます。さて、ご高承の通り、後藤純男先生には、平成十八年春の叙勲において、多年にわたる画業活動の赫赫たるご功績により、旭日小綬章を受章されました。誠に慶賀に堪えません。

——発起人一同

後藤先生の受章祝賀会への招待状である。

発起人には扇千景さん、武部勤さんら、錚々たる名前が並んでいる。畏れ多いことだが、毎晩酒を酌み交わし人生を語ってくださった方であり、この数年ご無沙汰していたので、ぜひ出席させていただくことにした。会場は東京タワーの真下にある東京プリンスホテル・パークタワーである。

少し遅れてきた参議院議長の扇千景さんの挨拶は、「後藤先生の絵は、その前に立つと男の色気を感じさせる。ぜひ本人にお会いしたいと、本日やって参りました」と、元女優さんならではのほめ言葉だった。後藤先生は少し体調を崩し車椅子での登場であったが、演台ではしっかりと立たれ、受章の喜びを語ってくださった。

私の父は僧侶で七十六歳で亡くなりました。戦争中の絵描きでは食べていけない時代に、父は子供の私に、「純男、どんなことをしても絵描きになれ、何でもいいから絵描きになれ」と励ましてくださいました。私は絵が好きで二歳のころから描いていました。父自身は子供のころから外交官になりたくて、大正大学の英文科に在籍中は成績もよかったのですが、祖父が倒れたので、父は夢を捨ててお寺の住職となりました。父も無念であったでしょう。七十代で父が亡くなるときは本当にかわいそうでした。

人が何かになろうと望んで、なりゆきで他のものにならざるを得ないことほどつらいことはありません。父は、私が院展で日本芸術院賞をもらったことを知り、安心して亡くなったのだと思います。父を始め私を支えてくださった人々に感謝して、長生きし、努力して、さらに絵の完成を目指します。

平成十八年七月

見事なご挨拶であった。

私は子供のころ、立派なお坊さんになろうと思った。しかしその後、なりたいものはいろいろ変わった。しかし、何かに導かれて石佛庵の住職になり、石を愛でる日々に今は満足している。後藤先生のような天才は人生一貫、迷いがないのであろう。

井伊直弼の埋木舎

六月二十六日から二十七日の二日間の日程で彦根に出かけることになった。日蓮宗霊断師会近畿布教区の教区会議出席のためである。本当は二十七日からの布教区研修の講師で出席の予定であったが、私の部下の松本教学部長が、ぜひこの日程で講師をさせてくださいと強い希望を述べたので、私は会議に回ることになった。会議には最近あまり出席していなかったので、遠慮して他の若い方にでも出ていただこうかと思ったが、河野組織部長が「彦根はとてもいいところでしょうから、ぜひ一緒に行きましょう」とのこと。また三浦霊断部長は「齊藤さん、彦根でだれかがあなたを待ってるんですよ」といった。三浦部長の一言が私の心に残った。

布教区別会議の会場は彦根城を間近に望む彦根キャッスルホテル。二十六日に熱心な討議を終えて、二十七日の早朝、彦根城見学を兼ね散歩に出る。早朝なので城内には入れないと思い、城の周りの散策コースを歩いた。ふと古風な家が眼にとまった。説明の板には「埋木舎《うもれぎのや》」とある。

「埋木舎」は開国の立役者である江戸幕府大老・井伊直弼が不遇の青年時代を過ごした屋敷である。彦根十一代藩主・直中の十四男として生まれた直弼は、三百俵の捨扶持をあてがわれ、十七歳から三十二歳までこの屋敷で部屋住みとして過ごし、「世の中を　よそに見つつも埋もれ木の　埋

れておらむ　心なき身は」という歌を詠み、この屋敷を「埋木舎」と名づけた。将来に夢も希望もない身であったが、直弼はこの時期に長野主膳に国学を学ぶなど、文武両道の修練に励んだ。

ところが一八四六年、兄の井伊直亮の養子という形で彦根藩の後継者に決定、一八五〇年に兄の井伊直亮の後を継いで彦根藩主となり、藩政改革を行い名君と呼ばれた。将軍徳川家定時代の一八五八年より江戸幕府の大老を務め、孝明天皇の勅許なしで日米修好通商条約を調印、日本を開国へと導いた。

井伊直弼の生涯は、私に「人生、たとえ不遇であっても、不断の努力を継続する者は、神仏が必ずご覧になっていて、その人にふさわしい道を開き、立場を与えるのだ」と教えてくれた。私を待っていた人とはきっと井伊直弼だったのだろう。私はこの思い出に、琵琶湖の岸で赤と白の瑪瑙質《めのうしつ》の小石を拾い、ポケットに入れた。

平成十八年八月

空知川——日の出の石たち

石のふるさと空知川《そらちがわ》の流れは、今も父が生きていたときと変わらぬ清流である。最近私は、健康のため、空知川の堤防を早朝に散歩している。五十代を超えると、健康のために自分の体は自分で注意し、体に必要なものを摂取し、また適度な運動が必要となる。私はまだ子供も小さくなすべき多くの仕事を残しているので、脳梗塞で倒れたり、早死にしたりするわけにはいかない。特に、多くの檀家さんを残して先に往くわけにはいかないと思っている。皆さんも同じようなことを考えているのだろう。主に四十代以降の人と見られるが、この堤防を毎朝多くの人が歩いている。神主さん、幼稚園の園長さん、市の元教育長さんなど、いろいろな人がいる。むろん若者はここを走る。

健康のため以外に私がここを歩くもう一つの理由は、早朝の富良野の大自然が美しく、心が洗われるからである。私は全国を旅し、行く先々で早朝に散歩をするが、この富良野ほど美しいところはない。十勝連峰から朝日が昇ると漆黒の大地は目覚め、朝の陽光に照らされて、南に北海の槍・芦別岳が聳え、東から北にかけて十勝岳連峰から大雪山連峰が連なり、大パノラマを展開する。しかも、太陽の光に照らされた富良野の山野は独特の柔らかいオーラを出して、草木が語り合い、歌を歌っているのである。

朝日が昇ってくると、私は手を合わせて「南無妙法蓮華経」と三度お題目を唱える。そして心に太陽を迎え入れるのである。そうすると、その太陽は暗闇に眠っていた心の各領域を明るく照らし、感情や本能、理性、知性の各領域を本来の姿に導いてくださる。

大自然の森羅万象も、我らが心の世界も、唯一根源の光を中心とした曼陀羅世界である。慈愛に満ちた宇宙根源の光明から森羅三千の世界は顕現している。これを一念三千という。我ら人類の魂のふるさと大霊界もまた、大宇宙の根源の光明から現れ、それに導かれている世界である。ゆえに太陽に手を合わせ祈る行為は、我らがふるさとのあの世の霊太陽である神仏の光明に向かって祈ることでもある。祈りとは神仏とおのれの心の対話であり、また自己の魂の根源である本仏の光を懐かしむことでもある。

空知川の河原の石たちもまた、太陽に照らされて美しいオーラを放ち、神仏と対話しているのかもしれない。

平成十八年九月

ゲルマニウムとルルドの泉

近年、私はいろいろな原稿をパソコンで書くことが多い。パソコンは大変便利な道具で、資料として原稿を保存するにもいい。しかし、私の肩こりはどうもこのパソコン使用が原因らしい。

その肩こり解消のためにゲルマニウムのブレスレットをしているが、なにやら効果があるような気がする。先日、品川の薬局でゲルマニウムの入浴剤を見つけた。早速購入してホテルの風呂に入れてみると、体がよく暖まる。後日、富良野の薬局でゲルマニウム鉱石の玉のようなものを売っていたのでそれをまた購入し、現在では風呂に入れている。

ゲルマニウムというと「ゲルマニウムラジオ」が思い浮かぶが、最近は、医学・健康の分野で有名になってきた。ゲルマニウムは灰白色の固い物質で、金属光沢があるので一般に金属であると思われているが、ダイヤモンド型の結晶をしており、圧力を加えたりしても伸ばすことができず、金属特性がないので、非金属とか亜金属に分類される。しかし、私はこの鉱石を見ると、どう見ても石としか思えない。

南フランスのピレネー山脈のふもとにあるルルドの泉は難病を治す奇跡の水として有名である。私は若いときにこの聖地にあこがれていた。一八五八年二月、村の十四歳の少女・ベルナデッタがこの地の洞窟の傍で薪拾いをしているときに聖母マリアが出現し、彼女にいろいろな預言をした。ベルナデッタは後年修道女となってヌヴェール愛徳修道会の修道院で静かな一生を送り、その死後、現在でも彼女の遺体は腐敗せず、生きているときと同じように美しく眠っているという。そんな聖霊と人との交流地に心惹かれ、私は三十歳のころ、一人パリから夜行列車に乗りルルドの地に降り立った。大きなカセドラルの傍ら、小さな泉の畔《ほとり》にマリアの像が立っていた。そこでは早朝のミサが行われ、人々は賛美歌を歌っていた。このマリアの啓示により出現したルルドの泉の水を飲んだり、水に浸かって多くの人が難病を癒されたという。これは神秘であるが、科学的には泉の水に含まれる有機ゲルマニウムによるのではないかといわれている。

後年、私の話を聞いたラ・サール高校の今は亡き田中先輩は、このルルドの地を訪ね、あまりにその風景が故郷の富良野に似ていることに感動し、涙したという。

平成十八年十月

高師の石の仁王さん

千葉県茂原市の実相寺さんにお会式の説教に呼ばれた。私は十一月十日、空路旭川空港から羽田に飛び、羽田からはレンタカーでアクアラインを通り海の下を走り抜け、海ほたるからは海上の橋を走り、約一時間半で茂原についた。実相寺のご住職・畠山慈浄上人と大塩上人、末吉上人はすでに実相寺さんのお隣にあるお鮨屋さんで一杯やっているところであった。私も早速ご相伴にあずかると、畠山上人から、「明日のお説教で話の枕にしていただきたい話がある。実は私が実相寺に入ったときに、檀家の方が、『あなたをずっと待っていました。実は昔、この地に背の高い高徳の僧が現れ、村を救ってくれました。あなたは背も高く、その再来です』といわれた。齊籐上人、ぜひその話をしていただきたい」との依頼である。私は翌日、お会式法要の後のお説教で、その依頼のあったお話を皆さんにお話しした。

ご当山は約七年前に見事な欄間を備える本堂を落慶され、それから次々に登竜門、石の仁王像、石の阿吽の龍柱、石の香炉と、本堂境内を荘厳されています。「内に智慧の弟子あり、外には清浄の檀越あって、仏法を久住す」という日蓮大聖人のお言葉がございますが、実相寺さんの素晴らしいご住職、またそれを支える奥様のご精進、信心堅固なる檀信徒の皆さんのお姿は、まさに宗祖のお言葉どおりと感服するのみです。お題目の信仰を中心とする娑婆即寂光土、まさに調和ある寺院曼陀羅です。

ところで、遠く奈良時代、ご当地のねずみ坂に峠の茶屋がありました。この茶屋のお婆さんは托鉢に来た旅の僧の立派な様子に感心し、「お坊さん、実はこの坂の下で息子が百姓をしておりますが、その村は数年来飢饉が続いております。村人は飢えのため皆餓死する寸前です。どうかお上人様、息子と村人の苦しみを救ってくだされ」と、その僧にお願いしました。僧はその村に庵を結び、二十一日間法華経を読誦し、五穀豊穣を祈願しました。

この僧が去った後、村は毎年豊作となりました。旅人はその僧に感謝し、お礼をしようとしましたが、その僧の名前も居所も知らず、お礼を申すこともできませんでした。しかし、その高僧は背が高いこともあって、当地は「高師」と呼ばれることになり、その庵の後には高應山実相寺ができたのです。

きっとそのときの旅僧の再来が当山ご住職、村人が檀信徒の皆さんに違いありません。

平成十八年十一月

隕石と日蓮大聖人

先日、故・長谷川勇さんの奥さんである愛子さんから手紙が届いた。『石佛庵記』のなかに父・齊藤文承が書いた隕石の話を読んでのお手紙である。

しばらくご無沙汰いたしましたが、その後、皆様お変わりなくお過ごしのことと存じます。このごろになりやっと心から落ち着いてきましたので、お送りいただきました『石佛庵記』を読ませていただいています。一五六頁の「宇宙の旅——隕石」を読んで、今にして思えばあれが隕石ではないかと思われる体験をいたしましたので、お話をいたします。

私は大正十三年生まれですので、そのときは十二歳か十三歳くらいだったと思いますが、今から七十年も前のことです。確かなことは忘れましたが、ある日の夕暮れのことです。屋外が真昼の明るさよりも明るいような感じになり、それとともに飛行機の爆音か蜂の大群が飛んできたようなブーンという高い震動するような音がしまして、驚いて外に出てみましたが、不安になって皆また家に戻ってじっとしていました。次の日に人から聞いた話では、隣町の美深町のはずれにある電信柱の傍の畑に何かが落ちた。そして、それは星がぶつかって欠けたかけらが落ちたのでは、ということでした。隕石のお話からこんなことを思い出してお便りしました。

長谷川さんの隕石体験の話である。ブーンというような高い震動するような音、真昼のような明るさ、UFO体験のようでもあるが、隕石であろう。

日蓮大聖人は文永八年（一二七一）九月十二日、松葉谷の草庵で捕らわれの身となり、鎌倉の大町小町を引きまわされ、子丑のころ、刑場にて処刑されることとなった。弟子・信者の見守るなか、太刀取の依智三郎直重が銘刀蛇胴丸をかかげ、聖人の首をめがけて振りおろそうとしたところ、百千の雷が一時に落ちるような大音響とともに江の島の巽（南東）の方より乾（南西）の方へマリの転がるような光が流れ、太刀は三つに折れた。太刀取は目をくらまし、警護の役人は地に伏し、一丁・二丁と逃げるありさま。聖人は大磐石のごとく動く様子も見せず読経を続けて後、「かかる大罪ある日蓮を捨てて、いずれへ遠ざかるか。夜も明けなば見苦しかるべし。早々寄って首打たせたまへ」と大音声を発したといわれている。長谷川さんの話から考えても、まさにこの奇跡は隕石によるものではないだろうかと思う。

平成十八年十二月

石綿

父は、富良野市山部にある野沢鉱山の石綿の原石をグラインダーで磨いたことがある。形は石綿の層に沿って平板な段丘上の姿となる。色は蛇紋岩《じゃもんがん》系の青黒く深みのある光沢を放つ。父はこの石の粉は体悪いんだといいながら石を磨いていた。空中に飛散した石綿繊維を肺に吸入すると、約二十年から四十年の潜伏期間を経た後に、肺ガンや中皮腫を引き起こす確率が高い。父はそのことをおおよそ知りながら磨いていたらしい。

その山部の石綿産地に住んでいた檀家さんの川西さんご夫妻が、娘さん夫婦を頼って札幌に移り住んだのは、石佛庵が亡くなった翌年の平成十年のことである。ご夫婦は富良野より気候も少し暖かい札幌で健康で快適な生活をされていたが、平成十五年ごろより奥さんが肺の病気を起こされた。川西さんは農協の参事であったので鉱山と直接関係はなかったが、お住まいは鉱山の近くであったので、アスベストの粉塵を吸われたのかもしれない。

去年の十二月に川西さんの娘さんの旦那さんから、「母は病気が重篤で医者から年内はもたないといわれています。住職、そのときはよろしくお願いします」と電話があった。正月、本要寺ではお檀家さんに年始のお参りをする。札幌の檀家さんも数が多くなってきたので、今年は一月十四日から十六日の日程でお参りした。十六日のお参りを終えて車を洗っていると、妻の洋子から「川西さんの奥さんが亡くなりました。八十八歳でした」との電話があった。枕経に川西さん宅にお伺いした私に、娘さんは「母は、住職さんが札幌に来てお仕事が終わるのを待っていたんですね」とおっしゃった。宿泊を延長してホテルに帰ると、奥さんの魂が私に優しく訪れた。十七日のお通夜に次のように説教をさせていただいた。

川西夫妻は美男・美女の、人も羨む鴛鴦夫婦でした。奥さんは美人で品があるだけでなく、本当に優しい方でした。私がお参りに川西宅に伺うと、奥さんはもうお昼だからといって、サっと素麺などを茹でてくださったものです。また、奥さんはみずからおはぎを作って独居老人のところを訪問するような方で、厚生労働大臣から功労賞もいただきました。

晩年は病で苦しまれましたが、今は金色の鳳凰に乗って霊山《りょうぜん》浄土に旅立たれたようです。

平成十九年一月

ゴールド・ラッシュとわらの草履

一月二十七日は北海道中央水石会の新年会であった。会員の皆さんと酒を酌み交わしながら、「今年の会長さんの出してくれる酒は金粉が入ってて旨いな！」などといいながら、去年の採石の思い出や、新たに採取した石を各自取り出して、自慢話に花を咲かせた。

国鉄出身の宍戸倫さんがおもむろにポケットから大事そうに木箱を取り出した。木箱の蓋をそっと開けると、透明な小瓶がベルベットの布に包まれて三本入っている。瓶のなかには金色の砂が鈍い光を放っている。町屋さんが「倫ちゃん、何大事そうに持っているのさ」と聞くと、倫さんは「これは家内の和子と二人で苦労して取った砂金だ」と見せてくれた。

西部劇のゴールド・ラッシュの話に出てくる砂金である。飲み屋の親父に酒代を砂金の袋でドンと払うと、それに目をつけた悪漢がその砂金取りの跡をつけて採取場所を見つけ、蓄えた砂金まで取り上げてしまうというお決まりの話を思い出す。

中央水石会の一同も目を輝かせ、「倫ちゃん、それ、どこの沢でとったのさ？　今、グラムいくらくらいするのさ？」などと質問攻めにして、今年はみんなでぜひ砂金取りをしたいという話になった。

砂金の産地は文字どおり金山、金山石《かなやまいし》の産地でもある。南富良野トナシベツ川の支流、桔梗の沢で砂金がよく取れるそうである。宍戸さんが奥さんと二人でぼつぼつカッチャで砂を集め、揺り板で砂と砂金をより分けると、いい日で一日五グラム取れるそうである。グラム二七〇〇円として一万三五〇〇円の稼ぎだ。

明治の中頃、雨宮敬太郎らの北海道砂金採取団は五十名の山男を率い、この地帯を採取した。当時の旅館の親父は、砂金取りが来ると、その履き古した草鞋を新しいものと交換してやったそうである。古い草鞋を洗うと、樽の底にいっぱい砂金が溜まったそうだ。ニンマリした親父の顔が目に浮かぶ。

トナシベツ川は空知川《そらちがわ》の支流であり、〈空知川七石〉といわれる瑪瑙《めのう》やジャスパー系統の美石を産する。美しい名石と呼ばれるような石は多分に金を含有しているのかもしれない。寺の鐘もよい音色を出すものは金の含有率が高い。今年の新年会参加者は金粉入りの酒で男が上がったかもしれない。

平成十九年二月

バナジウム

「北の国から」の富良野の今年の春は早い早いといわれて雪解けも順調であったが、彼岸になってまた寒さがぶり返し、例年より石佛庵の残雪は多い。

私が副所長を務める研究所が開催している新日蓮教学研究室の第二十一期の終了式が、三月十五日、世田谷のお寺であった。今期の研究室員は立正大学の教授を退職された久留宮先生、立正大学大学院で数々の研究成果を上げた高平女史、そして若くて元気な青年僧たちと多士済々であった。私はその終了式の訓辞で次のようなお話をさせていただいた。

どうか皆さんは、教師を教える先生となり、止暇断眠の教学研鑽により宗門教師、檀信徒の心に信仰の情熱の火を付ける人になって欲しい。ちょうど一本のロウソクに灯された火が何万本のロウソクにも分け与えられるように、研究室で灯されたあなたたちの信仰と智慧の灯火は、いくら人に分けてあげても決して減ってしまうものではない。大衆に分け与えられたその多くの灯火は、お題目の下に集まって大灯明となって人類の前途を照らし出し、その進化を促進してゆくのです。

終了式は感動の涙で終わった。私は終了式を終えると、すぐに新幹線で新富士に向かった。山梨県と静岡県のお坊さんたちに日蓮教学のお話をするためである。その夜、宿泊しているポート・ホテルを出て、私はそばのコンビニに入った。ミネラルウォーターを買うためである。近年、健康意識の高まりとともに飲料水はさまざまな商品が開発され、出現している。私は数多くの製品のなかから、ご当地の製品である「富士山のバナジウム天然水」を選んだ。バナジウムは元素記号の「V」で表されるミネラルの一種であるが、血糖値を下げる働きがあるからである。バナジウムはインスリンに代わって血糖値を下げる作用をするらしい。富士山の水がバナジウムを多く含むのは、富士山に降った雨や雪解け水が地下に浸み込み、バナジウムを含んだ地層（バサルト層）を通って再び地表に吹き出すからである。

この水を私が選んだもう一つの理由は、オマケに天然石が付いていたからである。私は代謝を刺激し活力を与えてくれるカーネリアンと太陽の色〝赤〟で人に元気なパワーを与えてくれるレッドジャスパーの付いた水を買った。

平成十九年三月

吉鳥

もう四月もなかば、東京では桜を見る会も終わったのに、石佛庵には雪が降る。今日もまだ寒い石佛庵である。

その石佛庵の競りでは、いつも中川さんが自分で採石してきた金山石《かなやまいし》の小品を出品する。私はなぜか心惹かれるものがあり、それらを競り落としている。その石の一つを手のひらに載せると、大きな岩や山、そして川までが手の上に載ってしまう。手のひらの上の大自然が心を癒してくれるのである。しかし、それらも小さいとはいえ、置く場所に悩む数になってきた。

石の小品を愛した父・齊藤文承はよく建具屋さんに箱を作ってもらい、そのなかに石を納め、箱の表に石の産地、名、自分の名前を書いていた。ふとそのことを思い出した私は、それらの石を箱に収め、父のように箱書きして、お土産にしようと思いたった。箱の製作所はいつもたくさんの作品を箱に収めて販売している〈ふらののガラス屋さん〉に紹介してもらうことにした。

〈ふらののガラス屋さん〉の山口さんは農家の廃屋を購入、十勝岳を眺めながら作品を創造している。山口さんはその作品が天皇陛下の富良野訪問のお土産になったり、また東京は新橋・パナソニック東京汐留ビルにある〈パナソニック汐留ミュージアム　ルオーギャラリー〉の玄関のステンドグラスパネルを制作・納入したりと、有名な方である。

この方が富良野に来た当初は、作品の注文がなかなかこなかったそうである。しかし、山口さんは、「ここから見える山があれば何も要らん。この山々が自分のものだと思えばこんな贅沢はない。感謝感謝」と生活していた。感謝の想いでいつものように山を眺めていると、ふと屋根の上に白い雀が留まっていた。それから二時間後のことである、大量注文がきたのは。友人の藤田嗣人君はこの雀を〈吉鳥〉（吉兆）といっている。

日蓮聖人は佐渡に流されていたときに、頭の白い鳥が飛来してきたのを見て、自分が島流しを許され帰る時期も近づいたと、お悟りになった。これも吉鳥なのか。神仏の心と私たちの心が感応するとき、み仏は吉鳥を使わしてくれるのだろう。

「私も南無妙法蓮華経、白い鳥こい」と箱書きをしている。きっと白い鳥がやってきて、いいことがある。

平成十九年四月

美唄観賞石展

石佛庵の辛夷《こぶし》が白い花をつけると、北国の冷たく雪に閉ざされた人の心にも少し遅い春がくる。「次は桜ですね」と石佛庵のおトシさん（母）と話をしていると、桜の花と一緒に美唄《びばい》愛石会から便りがきた。

雪解けも日増しに進み、若草萌える季節を迎えました。皆様にはますますご健勝のこととお慶び申し上げます。このたび、美唄市民会館にて、ゆったりとしたスペースで心地よい愛石展を開催する所存です。時節がらご多忙と存じますが、お友達をお誘い合わせてご来場くださいますようご案内申し上げます。今年のテーマ石日高地方産石。謹白

美唄愛石同好会　会長　瀧山徳雄

また追伸に「毎月、『愛石』誌にて『石佛庵記』、楽しみに拝読しています。ご多忙と存じますが、ご来場たまわれば幸いです」とあった。『愛石』誌連載の「石佛庵記」を愛読するまだ見ぬ石の友からの手紙である。ぜひお邪魔したいと、石展の開催日の五月十二日、札幌の檀家さんで行われる法要の帰りに立ち寄ることにした。

私が会場に入ると、すぐに会長の瀧山さんが旧知の友人のように暖かく出迎えてくださった。法

衣を着ていたのですぐにおわかりになったのだろう。入り口のすぐ近くに即売の名石が並べられている。古潭石《こたんせき》があったので、直ちにいいものを五個購入した。瀧山さんは真っ黒なゴロリとした神《かむ》居古潭石《いこたんせき》を指さして、「真黒《まぐろ》だよ、これは。滅多にないんですよ」とおっしゃるので、その石も購入した。本会場に展示された皆さんの愛石の方は、誠に素晴らしい幸太郎、梅林、翡翠《ひすい》、青虎《あおとら》などの名石で、時も忘れて見入ってしまった。

遠い地球創成の太古、北海道の位置で地球の地殻が移動してきてドカンとぶつかった。激しく衝突したので、一方の地殻がまくれあがり、日高山脈となった。そのため、このように多彩な種類の石が産出する。海底火山の石、海溝の石、マントルの石、化石などである。梅林、翡翠、青虎などは空知川《そらちがわ》の石であるので、私の住んでいる富良野は太古に日高山脈と一緒にまくれあがったのかもしれない。

私の心もときどき地殻変動を起こす。感情と本能がぶつかり合って、主に感情がまくれあがる。購入した神居古潭石は石佛庵に置かれ、私の心の地殻変動の重しとなって心を静めてくれている。おトシさんも「古潭石は文承さんも好きだった、本当にいい石だね」とまぐろ石を眺めている。

平成十九年五月

七面天女と鬼子母神

六月、ほのぼのと暖かく、北国も本当にいい季節になった。

「君は天女のようだ」といってお嫁さんに来てもらった洋子さんも結婚から十四年が経ち、今ではときどき鬼子母神様のように頼もしい。その洋子さんが「私も一度、七面天女様のお山に登りたい」というようになった。しかし、七面山は標高一九八二メートルもあり、過去二度の私の登山経験から考えると、うかつにハイとはいえない。一緒に行く小学五年の文昭と小学二年の文星が途中でバテたらどうするのか。しかし、七面大明神は日蓮大聖人に、「私は末法の時代に法華経を修行し、南無妙法蓮華経のお題目を唱える者を守護します」と誓った末法総鎮守の神様である。そこに妻が子供と一緒にお参りしたいという。こんな申し出にノウとはいえない。しかも父が命名した伝説の名石も七面山という。

そんなことを想い迷いながら過ごすうち、私は六月六日に熱海で開催された山梨県と静岡県のお坊さんの研修会に講師として出かけた。『日蓮大聖人の生死観　II』という私の作ったテキストで、霊魂の存在と葬儀法要の意義について話をした。この講習会で事務局をされていたお上人さんが、偶然にも七面山敬神院の別当様であった。「ああ、これも七面山のお導きである」と私も腹をすえ、別当様に十六日にお山に登らせていただきますとご挨拶した。宴会の席で、「お山に月に何度も登られ大変ですね」と申し上げると、別当様は「ドラえもんの竹コプターが欲しいです」と冗談を申されていた。

天気予報によると、登山の日の十六日、山梨県はいよいよ梅雨の入りで、午後から雨であった。「まあ、少々の雨ならそれもしようがない、ご来光はきっと晴れて拝めるだろう」という私に、妻は「どうしても雨が降る気がしません。鬼子母神様に毎朝お願いします」といった。

当日、私たちは快晴のもと、登山道の涼しい木陰のトンネルを気持ちよく登った。途中、七面様のお使のような蛇の出迎えもあり、順調であった。ただし、登りに子供と妻は四時間少々、私は五時間半を要した。お山に上がると、七面山から望む富士山上空に七面大明神が龍神様の雲となって迎えてくださった。翌日のご来光は四時二十分、雲海にそびえ立つ富士山の上空を七色に染め、真っ赤な旭が昇ってきた。

ここで七面大明神である吉祥天女が鬼子母神さんの娘であることを知り、洋子さんがときどき鬼子母神のようになるわけがわかった。

平成十九年六月

画家・盛本学史と鎮火石

私の祖父が創立した富良野にある東山本慎寺の葬儀の手伝いに呼ばれた。お骨上げ法要の帰り、ふと山部〈アートファーム南陽館〉を訪れた。廃校になった小学校を利用した芸術家たちの工房である。ここには楽葉窯と画家・盛本学史のアトリエがある。それぞれ若い作家の進歩の跡を見るのが楽しみだったのだ。岡山備前焼の恒枝直豆氏の新しい花器におもしろいものがあった。彼の作品は備前焼特有の窯変《ようへん》のダイナミックな魅力にある。炎の芸術である。ここではコーヒーカップと湯飲みを購入した。

次に、期待に胸を膨らませ盛本氏のギャラリーのドアを開けると、盛本氏ははにかみながらそこに立っていた。「今日、住職が来るような気がしてました」と彼は唐突にいった。「あんなにここに来たかったのは、君が呼んでいたんだ」と私はいった。

盛本学史は一九七一年、釧路市に生まれる。遠山隆義氏に師事し、北海道教育大学旭川分校を卒業し、一九九七年に渡仏、一九九九年から画業に専念する。一九九九年全道展奨励賞、二〇〇〇年「青い日」で全道展五十五周年記念賞、二〇〇一年第一回三岸好太郎・節子展で三岸節子賞を受賞する。新進気鋭の作家である。彼の作品の特徴の一つは、その色彩美にある。代表的な色彩はブラウン、ブルー、ピンク、グリーン、イエロー・ゴールド、それぞれが地・水・火・風・空を表すような気がする。

前に私がここを訪れたとき、「火花」という作品があった。古代アーリアンの梵火のようなその炎は柔らかく、心をなごませ癒してくれる。原始時代のたき火のように魂を癒し、郷愁を感じさせるのである。ユングのいう私たちの心の底にある元型の一つがこの火花かもしれない。

私は盛本氏にこのシリーズの制作と、ブルーの火花の作成を依頼した。盛本氏はブルーは制作していなかったが、一〇号の大きな以前に増して輝く火花を作成して、それを持っていけという。私はこの作品が生命力の向上と開運に力があるので、持ち帰った。翌日、石佛庵を訪ねてきた盛本氏は、私が鎮魂石にしている神居古潭石《かむいこたんせき》を火花の鎮火石として持ち帰った。

彼の才能の源はイマジネーションにあり、その力は火の神の世界、インド神界、仏教の浄土、ヨーロッパ・メルヘン界に彼を送り込み、画を描かせている。

平成十九年七月

鳥沼の黒曜石

檀家さんたちの幾人かが七月末に逝った。そのなかの一人に鈴木ふみさんがいる。鈴木さんは富良野市民の憩いのスポット・鳥沼公園のそばで、長く鈴木商店を経営されていた。享年九十五歳である。

鈴木さん宅には石佛庵・文承に連れられ、子供のころからお参りにおじゃましたものである。そのとき、父は公園に縄文時代の黒曜石の鏃が落ちていることを教えてくれた。この澄み切った鳥沼の水源は富良野岳の伏流水が湧き出る泉である。先史時代のころから、人々はこの泉のそばに集落を形成して住んでいたのであろう。子供の私は時折兄とここを訪れ、鏃拾いに熱中したものである。そんなとき、よくジュースなどをご馳走してくれた優しい小母さんが鈴木ふみさんである。

お通夜は七月二十三日に、主に鳥沼地区の方が集まってしめやかに執り行われた。私は故人の遺影を見つめながら、感謝の想いで読経し、お題目をお唱えし、お説教をさせていただいた。

鈴木家は現在の本要寺の敷地を寄付してくださった大事な檀家さんです。また、ふみさんは士族であった鈴木家に嫁ぎ、その格式と品格を護るため、非常に苦労されたようです。私の齊藤家のご先祖も、旗本として五稜郭戦争に参戦して亡くなりました。ある先生が、「人を殺す武士より、平和な民・百姓の方がずっと尊いのだ」と話してくれましたが、その民衆を命を捨てて護るという意味において、武士もまた尊いのです。法華経の菩薩たちもまた、命を捨てて法を説き、人を救うがゆえに尊いのです。

鈴木ふみさんはいつも着物を着て、明治士族の風格を今に伝える方でした。その凜とした人柄を思い出しながら、今日は読経させていただきました。また、故人のお人柄を偲び、お戒名は涌泉院妙心日文大姉とお授けいたしました。以後、このお戒名をお呼びしてお題目をお唱えし、故人の冥福をお祈りください。

翌日、葬儀の弔辞のなかに、鳥沼地区の泥炭による悪水に苦しんだ住民たちが鈴木ふみさんに鳥沼の泉の水を引くことを願ったとき、ふみさんは快く承諾し、その水道施設を設置する土地をも提供してくださったとのお話があった。まさに彼女は涌きいずる泉のごとき慈愛の人であった。石佛庵のコレクションにある鳥沼の黒曜石の鏃を見ると、ふみさんのことが偲ばれる。

平成十九年八月

隠れキリシタンの石の涙

八月二十三日、猛暑のなか、私は長崎に向かった。九州布教区のお坊さんに日蓮大聖人の「生死観」の講演をするためである。

人はどこから来て、何をして、どこに行くべきか。多くの人はそれを知らない。戦後の唯物論的な学校教育が「宗教」の二字を冠するものの多くを教育現場から追放したからか？　第二次世界大戦後の焦土と化した日本は、多くの企業戦士の努力によって奇跡的な復興を遂げた。だが、その復興を促進してきた唯物論的な競争原理こそが、むしろ日本人の心の平野を焦土と化したのではないだろうか。

テレビから流れるニュースでは、毎日のように子が親を殺し、親が子を殺す。妻が夫を殺し、兄が妹を殺すのみならず、死体をバラバラに切り刻んでは街に捨て、山に隠す。そこには自分を生んでくれた親に対する感謝も報恩もない。親は子供を自分の欲望追求の邪魔としか思わず、障害物を排除するかのごとく殺してしまう。慈愛の心などはどこに消えたのだろう。人は罰を忘れ、来世を否定し、ただ刹那の快楽に生きる。はたして魂は痛まないのか。そんな世の人々の心の復興を願い、私は生死観の話をさせていただいている。

長崎空港には常任研究員の大野光法上人が迎えに来てくださった。「齊藤先生に隠れキリシタンの里である平戸をぜひご案内したい」とのことであった。二十三日の夜は平戸大橋を望む田平の宿で一泊した。

翌二十四日は平戸から生月《いきつき》に渡り、博物館「島の館」を見学、隠れキリシタンの歴史を学んだ。一五五五年に平戸を訪れたフランシスコ・ザビエルの布教から生まれたキリスト教の信者たちは、後のキリスト教禁教政策に遭い、みずからの信仰を隠す隠れキリシタンとなった。為政者の厳しい宗教弾圧により、多くの信徒が殉教の悲劇に遭うのである。平戸と生月の中間に中江ノ島という小さな島がある。ここは十六人のキリシタンが処刑された殉教の島である。この島では岩肌より水が湧き出ている。この水を採取して、キリシタンは聖水として洗礼などの儀式に使うそうであるが、水は日照りのときもおらしょ（オラトリオ・賛美歌）を唄うと涌き出てくるそうである。この水は生死を超えて信仰に生きた隠れキリシタンたちへの、石の流す鎮魂の涙なのかもしれない。

平成十九年九月

妙経寺石の庭園

例年開催される霊断師全国大会が、大分の名説教師・建光行さんのお寺で開催された。

建光行さんは六十五歳。軽妙洒脱な語り口で、その説教は全国的に人気がある。しかし、その建さんも三十代のころは、ご自坊の檀信徒が少なかったので、整骨院をお寺で開いて生計を立て、大きな古いお寺を護持していた。その苦労は並大抵のものではなかったという。

ある日、建さんのお寺を訪ねた柔道部の先輩である新宿感通寺のご住職・新間智雄僧正が、「建さん、坊さんは人の体を触って生活するものではない、その心に触れて生きていくものだ」と諭されたそうである。感ずるところあり、建上人は早速霊断師の資格を取り、今度はお題目で人の心を調整し導くことに専念した。次第に檀信徒の信頼を深くして、やがて僧俗ともに本堂改修、庫裡新築、毘沙門堂再建の願を立てることとなった。檀信徒は定期預金を取り崩してまで浄財を寄付し、やがてたくさんの基金が集まり、昨年めでたく落慶の日を迎えられた。落慶式で建上人は涙ながらに、雨が降ると雨漏りのする本堂をバケツを持って夫婦で走り回った日々と、本堂改修のご苦労を感謝のお心で話されたそうである。

霊断師大会はご当山にある大分県指定名勝の庭園を背景に開催された。吉河功『妙経寺庭園整備調査報告書』（日本庭園研究会）を参照し述べると、大分県杵築市にある秦治郎兵衛兼利作・妙経寺庭園は、庫裡書院の北側にある約一八八坪の築山式枯山水庭園である。江戸中期に作られた名園であり、築山石組、枯滝石組、切石橋、陰陽石、岩島などの造形など、まことにユニークなものである。それに露地の要素も取り入れ、枯れ池に雪見灯籠を配して景をとるなど、優れた景観が見られる。特筆すべきことは、切石橋にある銘文によって、施主、作庭年月、作者のすべてが明らかになっていることで、このような庭園は日本庭園中でも数少なく、歴史的にも貴重な史料になっている。この庭を書院から眺めれば、白い小石を敷いた枯れ池を中心とした円かにして幽玄な佇まいが、住職の人となりを映して妙である。

この庭は二〇〇一年に日本庭園研究会本部によって整備が完了し、二〇〇三年二月には『妙経寺庭園整備調査報告書』が発行された。

平成十九年十月

目谷さんの葬儀

十月二十三日、海外のお坊さん向けのテキスト作成を前提とした講義で、私はとうとう脳溢血を起こし、資料が読めなくなった。しかも左右同じところの視野が欠けていた。これは脳に関することと判断し、私は直ちに講義を中断した。「先生、車を呼びます。病院へ行きましょう」との声を遮り、私は救急車を呼んでもらった。救急車のなかで救急隊員と話をし、脳外科と眼科のある狛江市の東京慈恵会医科大学付属第三病院に運んでもらった。血圧は二二〇を突破し、もう少しで父・石佛庵の下へ往くところだった。

先生は、「点滴で血圧も安定し、出血も視床の部位なのであまり問題はない。手術しますか」とおっしゃるので、「どうぞよろしく願います」と申し上げると、「出血も少ないから手術は止めましょう」とおっしゃった。

私は医師に「失敗した、情けない」といった。医師は「みんなそういいます」といった。私は少し太っていて血圧も高かったので、食事も菜食を中心にし、毎日ジョギングも三キロはしていた。それなのになぜ。それはストレスであり、医師のいうことを聞かずに薬を飲まなかったからである。

「ああ、情けない」。

慈恵医大優等生患者の私は一週間で退院。北海道に帰り、石佛庵・本要寺のお会式を十一月四日に無事済ますことができた。

ついで十一月九日、若いとき一緒によく飲んだ目谷君がやってきて、「実は父が亡くなりました。大変申し上げにくいんですが、今は景気も悪く、技工士も辞めてしまい、魚の加工場に勤めている次第です。お布施はあまり払えませんが、よろしくお願いします」といって、毛ガニとサンマを取り出した。私はお志で結構ですよと申して、心から故人の通夜と葬儀を執り行った。葬儀の日に妻がサンマを煮ていると、目にとてもよさそうな匂いがしてきた。亡くなった方も目谷さんという方であり、私はこのサンマを食べるときっと目がよくなるような気がした。葬儀の終了後、サンマを食べると少し目がはっきりしたような気がした。目谷君は昔の飲み仲間の居酒屋で魚やカニを炭火で焼いて私を待っていたようだが、私が退院したての病人なので気をつかい、電話を何度もできず私はそこへは行けなかった。チョット残念な気がした。

平成十九年十一月

キャッツアイ

弟子の武田君がインドの修行から十一月十日、石佛庵に帰ってきた。私は首を長くして待っていた。彼はブッダガヤでダライラマの話を聞いたり、瞑想をしたり、その修行の境地もだいぶ高まったようだが、彼いわく、「お師匠さん、実はインドではバラモンやお坊さん、会う人ごとに北海道に帰ってお坊さんになりなさいといわれたので、覚悟を決めて帰ってきました」といった。私は「君とはインドのお釈迦さんのもとで一緒に修行した仲間であるから、きっとそんなこともあるのだろう」といった。内心、私は、目が悪くなる前に帰ってきてくれていたら、と思った。

私は食事時になると、あばら骨が見え、薄い皮膚の下から血管が浮き出ている苦行中の釈尊の姿が見えるような気がした。私のダイエットの本尊なのだろうか。少量の食物を美味しく食べ、満足することができ、あまり苦にならなく食事制限ができる。その話を聞いた武田君が、「お師匠さん、いいお土産があります」といって、彼が訪ねたブッダガヤにある大塔の写真と、苦行中の釈尊のお像の写真をくれた。私は今ではその写真を供養しながら、食事をとっている。

彼はまた、「これは目にいいキャッツアイという素晴らしい石で、タイで求めてきた貴重なものです」と美しい石を差し出した。この石を眺めていると、その白く柔らかい光が私の目を癒し、丸い形が視野を復元してくれるようである。まるで猫の目のように神秘的な光を放つキャッツアイは、私たちを悪魔から守る力があるといわれている。主な産出国はインド・スリランカであり、動かすとゆらめく白い閃光の帯が魅惑的で、宝石好きが最終的に求めたくなる一品である。

私は彼の師匠を思う心が嬉しくて、マジックでそのキャッツアイを深いブルーの石に変えてあげた。しかし、実はそのネタは、中央水石会で求めた石だったのである。中央水石会では水石交換会でいろいろな輝石《きせき》の一品が出品される。十一月の交換会では釜沢さんが直径十センチくらいの天然水晶の玉を出品したので、私は目に効きそうだと思ってそれも安く分けてもらっていた。

この素晴らしいお弟子の武田君と、私の妻と、息子文昭、文星の得度式を鬼子母神さんの縁日である十二月八日に執り行う予定である。

平成十九年十二月

ファントム・クリスタル

富良野の駅前再開発でできたフラットという施設に〈キャンドルシップ〉という店が入った。奥村一実さんという富良野にあこがれて関西からきた四十代の元看護師さんが開いたキャンドルの店である。ロウソクはお坊さんに縁があるので覗いてみると、西洋風のロウソクばかりである。一実さんは清楚な西洋風の顔立ちをした美しい女性である。ロウソクの光に照らされた彼女の顔を見つめると、中世フランスの修道院で祈っている修道女の姿が見えてくるようである。彼女にそのことを告げると、「実は私、他の人にも同じことをいわれました」と驚いた表情で彼女は語った。私は彼女の作ったロウソクとオーデコロンを買い求め、コロンで部屋を浄めてロウソクに火を灯し、瞑想した。

散歩の途中でときどき店を訪ねると、一実さんが「齊藤さん、隣に〈宙に感謝〉という店を開いている小池さんというすてきな人がいますから、ぜひ店を訪ねてください」という。いわれるままに隣の店に立ち寄ると、笑顔の魅力的な女性が私を待っていた。店にはオーロラの写真がたくさん飾ってあった。非常に美しい写真ばかりだが、これで商売になるのかと、他人事ながら心配になった。

二度目に〈宙に感謝〉を訪ねたときは、私の目も悪くなってからである。彼女はタロットカードのような天使の姿が書かれたカードで私の運勢を占ってくれた。私が引いた一枚のカードには、エメラルドグリーンの光を放つ一人の人物が描かれていた。彼は四世紀の中東で人々の病を癒し多くの人から慕われた人物だそうである。そのカードには、「あなたの病はすでに癒されています。もしくは癒されつつあります。そしてあなたは天性のヒーラーです。人々の病をこれから癒していきなさい」とのメッセージが示されていた。私は学生時代に、感謝と愛の心で生活して心を調和し、瞑想中に心の窓を開いた経験があった。それ以来、光を与え病の人を癒すことが少しできるようになった。その力をもっと使いなさいということなのだろう。

この店で私はファントム・クオーツという、クリスタルのなかにゴースト（幻）のクリスタルが存在する石を求めた。この石は地球の癒しを刺激し、個々の治癒力を活性化する。またスピリットガイドと結び付いて瞑想を強化し、アカシック・レコードにアクセスして過去世の情報を読むことを助けてくれる不思議な石である。

平成二十年一月

おとしさん

父・石佛庵和尚の妻おとしさんのモデルであった私の母・齊藤聰子も齢八十六歳で裟婆を去った。実は、平成十八年十月に富良野協会病院の医師に肺ガンを宣告されていた。しかも末期ということで、自宅で人生最後の日々を過ごすことを勧められた。余命六カ月とのことであった。日頃まだまだ死にたくないといっていた母は、ちょうど本山佐野妙顕寺貫首就任の話があった私の入山式をただ楽しみに生きていた。

私の妻の洋子は、苦しそうな息づかいの母を心配して、夜は母の隣で寝ることが多かった。齊藤文承の生まれ変わりといわれている八歳の孫の文星は、夜寝る前におとしさんを気遣い、その様子を見てから眠るのであった。そんな母も昨年の暮れには居間で転んでしまい、「私ももうだめかもしれない」と呟いて、協会病院に入院した。ガンの痛みを抑えるために使っていた麻酔が呼吸を抑制するので、亡くなる三日前に麻酔を少なくした。妻の洋子が、母がベッドの上で足をしきりに動かしていたことを尋ねて、「お母さん、みんなのところに歩いて行ってきたんですか？」と聞くと、「そうだ。千葉の大荒行堂で修行している長男の芳伸のところに行ってきたんだよ」と申したそうである。

私は病痛で苦しみ息も絶え絶えな母に、二日にわたって「お母さん、あなたは私にとって日本一の母でした。本当にありがとうございます」と感謝の言葉を述べて、母の体をさすった。その言葉を聞いた母は――満足したせいか――父・石佛庵和尚のところに旅立った。私の長男の文昭は、母の臨終に際して涙を見られないように泣いた。次男の文星は母の顔を撫でながら、大粒の涙をポトポトと落とした。

二月十九日に亡くなった母の葬儀は、約一週間をおいて、二十四・二十五日に通夜・葬儀を母の友人、檀信徒、市内寺院、管内寺院各聖のご列席をいただき、執り行った。その間、母は病気で腫れあがった顔のむくみも引いて、美しく神々しいお顔になった。はるばる鎌倉の地から弔問にいらした立正安国論寺の住職・玉川覺祥僧正が母の魂を霊視して、「お母さんは病気からも解放され、いま元気で、はりきって霊界でのこれからの仕事にとりかかる様子です」とおっしゃった。肉体を持った人間としての母より、霊体の母の方がずいぶん高い人格であったようだ。

平成二十年二月

ポンピラ石とアメリカ西部の前世

石佛庵の水石交換会にはいろいろな種類の名石が出品される。特に富良野地方の名産である空知《そらち》川石《がわいし》、金山石《かなやまいし》などが多いが、少し北の旭川の神居古潭石《かむいこたんせき》、さらに北方にある中川町のポンピラ石なども出品されることがある。特にこのポンピラ石は父・石佛庵も愛好して、水盤に砂を敷き、水を張り、石に水を吸わせて楽しんでいた。

ポンピラ石は少し異国情緒のある石で、シルクロードの砂漠の奇岩を想起させる。私は特にアメリカのグランドキャニオン渓谷の様相にこのポンピラ石は酷似していると思う。グランドキャニオンはアメリカ合衆国アリゾナ州北部にある峡谷である。コロラド高原はコロラド川の浸食作用によって削り出された奇岩地形であり、先カンブリア時代からペルム紀までの地層の重なりを目の当たりにできるところでもある。また、地球の歴史がその浸食された岩肌に看取できる雄大な景観から、合衆国の国立公園の一つとなっている。

先日、私は枕元のポンピラ石を眺め、アメリカのコロラドを思いながら寝入ってしまった。次の日の朝、まどろみのなかで私は西部開拓時代のアメリカに転生したことを思い出した。私はなぜか西部の広い広い土地を所有する牧場主だった。朝日が昇るところから夕日が沈む地平線の向こうまで、私の牧場だった。土地も広いし、アメリカ人の私は何事も気にしないおおらかな性格であったらしく、気持ちのいい人生を送ったようだ。そういえば、私は石佛庵の隣にある光明寺さんが経営するひまわり幼稚園に通っていた四歳のころ、なぜ自分がアメリカでなくて日本に生まれてきたのかと不思議な感をもった。日本に生まれて失敗したとまで思ったものである。

石というものはおもしろいもので、大自然の景色をそれぞれに映している。ポンピラ石の産地である北海道は日本のなかでは北米によく似た土地である。北海道の人もまた、日本人というよりもアメリカ人のような大陸的な人が多いようである。地球三十六億年の雄大な歴史を秘めて石は黙して語らないが、縁に触れた人の心を過去いくつかの転生の一つに誘う。人は石の縁、また石友の縁によって、みずからの生活感情を豊かなものにすることができる。石に合掌。

平成二十年三月

〈宙に感謝〉での指名販売

今年は二十年ぶりの異常気象で日本南国化計画も進み、富良野ももう春の陽気、五月十日ごろに咲く石佛庵の桜も例年より二十日も早く満開である。

ブラジルの誇る世紀の予言者・ジュセリーノが私に語ったところによると、「地球の気温が上昇し、関東あたりは非常に暑い熱帯性の気候となり、人が住みにくくなる。そして北海道には本州から多くの人々が避難するようになります」とのことである。

スピリチュアル・サロン〈宙に感謝〉の小池さんや巫女の生まれ変わりで現在ではフラダンサーの福岡曜子さんにいわせると、「この人類終末期に向かう地球を救うのはやはり日本であり、その日本を救うのは北海道である」とのことだ。さらに使命占いのヒロ・ジェームス氏にいわせると、その北海道を救う核となるのは富良野だそうである。その富良野の人類救済の使命を帯びた人々の触媒となって、人の輪を形作っていくのが〈宙に感謝〉のようなお店かもしれない。

しかし、その大事な人々の集うべき〈宙に感謝〉の経営は、人がたくさん集まりみな癒されているのだが、それほど売り上げが上がっていないようだ。それで石佛庵の和尚は人々の癒しの場〈宙に感謝〉を救うため、仕入れが安く利益率の高い商品を供給することを決意した。ひとつは和尚の悟りの言霊を直筆で揮毫した菩薩天使の絵の入った額である。もうひとつは、聖地富良野の大自然の姿をあらわす金山石《かなやまいし》の指名販売である。和尚はそれらの作品と品々を吟味するとき、チャネリングでそれらの言葉と癒しのパワーを必要とする人を指名し、本人の懐具合に合わせた値段設定をした。優秀な弟子の武田君はそれをいぶかしげに思っていた。小池さんは、「このことは私、朝からずっと心に浮かび続けていたことなんです。本当にありがとうございます。心から感謝します。これは指名販売ですね。まず、使命占いのヒロ・ジェームス氏に販売したいと思います」と語った。

石佛庵の和尚はそれらのすべての指名を終えた後、弟子の武田君と石佛庵の檀家さんを連れて身延山にお参りに出かけた。身延山に到着して二日後、ふと小池さんを思い出して電話すると、「和尚、指名販売ほとんど完売しました」とのことであった。

平成二十年四月

五日市剛さんと魔法使いの教え

先日、五日市剛さんと食事をする機会があった。五日市さんは「ありがとう、感謝します」という言葉を〈魔法の言葉〉として人々に啓蒙している方である。お会いした印象はとても明るい人だった。雰囲気は顔も体も石佛庵の大黒さんとそっくり、「金運上昇である!」と思わず握手した。

彼の話の内容は魔法使いのお婆さんの教えである。

僕はかつてイスラエルを旅行中、あるユダヤ人のおばあさんに出会い、次の四つを教えられました。

「嫌なことがあったら、すぐに〝ありがとう〟といいなさい。すぐにいうと、いいことが起こるから。

逆に嬉しいことと楽しいことがあったら、〝感謝します〟といいなさい。そういうと、またそういいたくなるような出来事が起こるから。

人はね、しゃべった言葉どおりの人生を歩むものなの。だから、マイナスの言葉はできるだけいわないこと。汚い言葉、人を傷つける言葉は論外よ。

すべてのトラブルの元凶は「怒ること」なの。だから、絶対に怒らないで」。

僕はこの四つの教えをひたすら実践しました。やり始めたころ、なかなかうまくいかなかったので、手の甲や服の袖にマジックで書いたり、紙に書いてあちこちに貼りまくりました。そしたら徐々に習慣化でき、その結果、それまで悩んでいた人間関係がみごとに好転、どん底からはい上がることができました。そして今では、本当にツキっ放しです。

この魔法使いのお婆さん、実はハイファーの工科大学の教授夫人で、大変教養のある人のようだ。

In every life, we have some trouble. But when you worry, you make it double. Don't worry, be happy.

五日市さんは、お婆さんの言葉を英語で書いくださった。

私は彼に私の著書『石佛庵記』と「光のメッセージ　愛を持って広げよう　世界の人々に　ありがとう　そして感謝します」と揮毫した書、そして金山石《かなやまいし》の名石〈落水静心〉を差し上げた。

二日後に幕別で開かれた彼の後援会では、講演終了後、金山石のお礼にサインをした著書を四冊用意して楽屋で私を待っていてくださっていた。金山石のパワーが五日市さんとともにありますように。

平成二十年五月

小嶋さちほさんの石笛と数霊

先日、富良野の〈野良窯〉という陶芸家のアトリエ兼レストランで、古神道数霊研究家・深田剛史氏の数霊・言霊の講演と、女性ロックバンドの先駆けＺＥＬＤＡのリーダー＆ベーシストであった小嶋さちほ氏のコンサートが合同開催された。私は友人が強く誘うので、見聞を広めるためそれに参加した。

数霊というのは日本語の音を数字に還元して、その深い意味を現す思想である。深田氏によると、〈野良窯〉は石佛庵の元檀家さんの家を改造したクラシックな味のある建物であるが、この敷地こそ本当の北海道の中心だそうである。「日本を救うのは北海道、北海道を救うのは富良野」といわれているが、その中心の地が〈野良窯〉だというのは感慨深いものがある。

深田氏は、「小嶋さんのコンサート中、龍神さんが現れていた」とおっしゃっていたが、実はこの地から龍神の形をした古木の根が現れ、私がその頭部に瑪瑙《めのう》の目を埋め込み、開眼したいきさつがある。いまこの龍神様は〈セントラルラッキードラゴン〉として、石佛庵の池でにらみを効かせている。毎朝、私はこの龍神さんからパワーをいただいている。

小嶋さんのコンサートはヒンドゥー教のターラー女神や観音様からインスピレーションを受けて

作詞作曲した曲を演奏するもので、聴く者を神幽の世界に誘う。彼女は演奏の始めに石笛を吹いて音楽の天女を会場に招いていた。石笛とは、今から約五千年前の縄文時代中期に起源を持つ、現存する日本最古の楽器である。その制作者は大自然である。すなわち、石笛は海中で二枚貝が穴をあけた岩が波に砕かれて礫になったものや、自然にくぼみのできた石などである。これらは古代の遺跡から発見されることもあり、神道各流派では「神降ろし」の儀式において吹かれてきた。石笛の音色には人間の耳には聞こえない高周波の音（高次倍音）が含まれていて、人をリラックスさせる効果があるそうである。

小嶋さちほさんの吹く石笛は何か宇宙的な響きがあり、その音には星の神々の光が宿っているようである。その石笛の出生を訊くと、彼女は「これは神々の宿る星から遠く宇宙を旅してきた隕石です」と微笑みながらおっしゃっていた。私は竪琴を弾く彼女に弁天様の姿を見た気がした。

平成二十年六月

結婚披露宴

最近めっきりと減った結婚披露宴の招待があり、しかも私に祝辞の依頼まであった。私の教え子・高橋俊文君の待ちに待った結婚式の披露宴である。お父さんの高橋十二さんから俊文君の祝辞の依頼があったのは、実は俊文君の名付け親が石佛庵、父・齊藤文承僧正であり、俊文君の母・幸子さんは私の父の設立したロータス文化服装学院の卒業生であったご縁によるものである。私は少々スケジュールが込んでいたが、父からのご縁でもあり、高橋十二さんもまた玄関には金山石《かなやまいし》の名石を飾る愛石家でもいらっしゃるので、お祝いの言葉を述べさせていただくことにした。

高橋俊文君、明貴子さん、ご結婚おめでとうございます。

本日、私がお二人の結婚に際し、ご祝辞を申し上げますのは、俊文君が富良野東中学校に通っていたときに私の開設していた学習塾に通っていたご縁によるものでございます。彼は寡黙な少年でしたが、いざ話をすると、落ち着いた老賢者のような語り方をするものでした。彼は一生懸命に勉学に励み、有名な進学校である旭川北高等学校に進み、その後、小樽商科大学を卒業、NEC日本電気に入社し、輝かしいキャリアを築きあげました。このことは塾長であった私の名誉とするところです。

その後、私も僧侶を指導する教師の養成などで全国を飛びまわり、その折に俊文君と会う機会がございましたが、彼はなかなか良縁に恵まれず、心を痛めておりました。と申しますのも、実は彼の父である高橋十二様より「息子を頼む」と懇願されていたためでもあります。このたび、晴れて元日本大学教授を父に持つ三菱総合研究所に勤務する才媛・明貴子様と華燭の典を挙げられましたことは、本当に私の喜びとするところであり、安堵した次第です。

私の宗派の祖師である日蓮大聖人は、夫婦の心構えについて次のようにお教えです。

「およそ女性という存在は相手に随いながらも、かえって相手を随えるものである。夫が楽しめば妻も栄えるし、夫が盗人ならば妻も盗人となるのである。こうした夫婦の契りはこの世ばかりのことではない。生々世々に影と身とのように、華と果とのように、根と葉とのように相添うものである」(『兄弟鈔』文永十二年)。

明貴子さん、どうぞ俊文君を上手にコントロールし、平和な家庭を築き、夫婦仲よくおすごしください。

平成二十年七月

目の神様悪七兵衛景清

昨年の東京での講義中に起こした脳溢血による視覚の欠損で何かと生活に支障があり、会う人ごとにこぼすことが多かった。高名な神道家の豊田さんにそのことを話すと、「和尚、宮崎県に生目《いきめ》神社という目の神様の社がありまして、とてもあらたかです。今度、目薬となるそこのご神水をお送りします。大丈夫です」といってくれた。それから何度かその神様の話をするうちに、神社のお札とご神水を送ってくださった。早速目薬の容器にご神水を入れ、目に差してみた。何となく目が軽くなった気がする。また豊田さんから電話がきて、「和尚、祝詞《のりと》をあげてから目薬を差すと霊験あらたかです」といってきた。素直にそれを聞いて、私は「かげ清く照らす生目の水鏡、末の世までも曇らざりけり」という御神詠《ごしんえい》を三回唱え、拝詞《はいし》を唱えて目薬を差した。

その夜眠りにつくと、神様が二人現れた。二人とも坊主頭で和服を着ておられた。一人はお座りになり、一人は立っておられた。立っている方はお顔に隈取りをされ、非常に男らしい強そうな方である。その神様が私の目を見て、「おお、両目とも見えないのか」とおっしゃった。私は「脳からきていますから」とお答えしたところで、目が覚めた。私に話をされた神様が話に聞いていた藤原景清《かげきよ》公であると感得することができたが、しかし藤原という姓から優しい貴族の方を連想していた私には勇猛そうなお姿が意外であった。そこでインターネットで藤原景清公のことをお調べすると、実は平家の非常に勇猛果敢な武将であることがわかった。

景清公は平家の勇将であり、悪七兵衛景清と呼ばれ、恐れられていた。平家が壇の浦で敗れた後、頼朝は景清公の武勇を惜しんで自分の下で重用したいと申し出るが、公はその申し出を断り、西国に流すようにと訴えた。文治二年（一一八六）十一月、景清公は日向に下り、現在の宮崎市にお住まいになった。公は深く神仏に帰依し、静かな余生を送りたいと考えられたが、源氏の隆盛を見聞し煩悶され、ついにはその苦しさから逃れるために、自分で自分の両眼をえぐって空に投げ、両眼は生目の地の松の木にまで飛んでいった。現在、目の神様として知られている生目神社は、その景清公の両眼を祭っているそうである。私の目もきっとご守護で平癒する気がする。

平成二十年八月

お釈迦様――大仏さんの奉納

山部の〈アートファーム南陽館〉を妻の洋子さんと訪れた。廃校になった小学校を利用した芸術家たちの工房である。友人の画家・盛本学史氏を久しぶりに訪ねたのである。盛本氏は「青い日」で全道展五十五周年記念賞、二〇〇一年第一回三岸好太郎・節子展で三岸節子賞を受賞した新進気鋭の作家である。玄関を入ると大きな金山《かなやま》の亀甲石《きっこうせき》が私たちを迎えてくれた。彼の祖父の愛石だったらしい。盛本氏も愛石家であり、私のところから神居古潭石《かむいこたんせき》を持っていっている。

このたびの訪問は、以前彼から購入した「赤い火花」の兄弟作「青い火花」を見たいと思ったからである。「赤い火花」は人間の生命のエネルギーの根源を象徴するが、「青い火花」は人間の神秘界への入り口を象徴する。神秘世界に入りたければ、青い色を基調とした瞑想をすると効果的である。私も若いころ、富良野の初冬の青空を基調に瞑想に入って感謝の心を感じ、心の窓を開いたものである。ブルーは神秘界へのスピリチュアル・ゲートなのである。

久しぶりに会った彼は、私の母の葬儀の欠礼を謝し、「住職、ところでお母さんは一月にお亡くなりになったんですね。私は一月にこの大仏様の絵を描きあげて、ふと見ると住職のお母さんに顔が似ているような気がしてなりませんでした。これも仏縁かと思い、この絵を奉納させていただきたい」といってきた。

絵を見上げると、大きさは二・七メートル×一・七メートルの大作である。お顔は美しく優しく、慈愛に満ち溢れ、しかも強い。母の顔に似ているとは思えなかったが、小学校三年になる次男の文星によく似ていると思った。信者さんたちは住職に似ているといっている。また、四天王の屏風を一対、お釈迦さんのガードマンにつけてくれた。

八月三十日に本要寺会館に搬入すると、お釈迦様は、「本当は、私がここに来たかったのだ」、また金具で固定すると、「私はもうここを動かない」と私の心に話しかけてきた。この大仏様は末法の人類の終末的危機を救う根本仏であるようだ。「末法人類救護の大仏様」とお呼びしている。ジュセリーノの預言する大地震も止めてくださるかもしれない。そう思って毎日大仏様にお祈りしていると、不思議なことにそのお顔が優しく変わってきた。

平成二十年九月

磨き残された翡翠と石佛庵の詩

平成九年に父が亡くなったとき、庭先に磨き残したまま置き去られた空知川《そらちがわ》の緑の翡翠《ひすい》、その緑が目に眩しくて、私は池に沈めた。石は池の底にコンクリートで固定され、水底で水の流れを受け輝き続けるはずだった。しかし、水の鉄分で石は赤茶に染まってしまった。

今月、排水口が詰まった池を洗ってくれた宮川さんに、「その翡翠を池から出せないでしょうか」と依頼したところ、翡翠はコンクリからスッと外れ池から出てきた。私はサンドペーパーでその赤茶けた石の表面をこすると、十年ぶりに石は緑の光沢を放ち始めた。光沢のなかには、父が「これは名石だ」と呟きながら一生懸命磨いている姿が浮かんでくる。この後の作業は、父の可愛がっていた歌志内《うたしない》の加藤園美さんがきっとしてくれるだろう。

父の友人でもあった詩人の尾崎文英師が雑誌『現代仏教』に「齊藤文承師の詩心仏心」と題して父の詩の解説を始め、十月号で三回目となる。誌上で父の詩を改めて拝見すると、本当にロマン溢れる心にしみる珠玉の作品ばかりである。死後十年、父も自分の詩が世に出て再評価され、さぞかし満足と思う。

沖縄の海

焼けただれた後もなく　首里城の堀に映すのは
白い雲の心だけ　壕の入り口に苔がむして
ただ三つ葉かたばみの花の可憐なのは　健児らの夢が咲いているのか
遠い日の　麻文の丘の
戦いは終わったというのに　悲しみだけは残って
沖縄の海を　玉虫の色に染めている

『現代仏教』十月号に掲載された父の詩である。偶然なことに、ちょうどこの十月に私は家族で沖縄を旅し、詩に詠まれた沖縄の海を、父の生まれ変わりである私の次男・文星と遊泳した。

平成二十年十月

予言者ジュセリーノ　I

予言というと「ノストラダムスの大予言」が有名である。『ノストラダムスの大予言』（祥伝社）という同名の五島勉の著作がある。その内容は、フランスの医師・占星術師ノストラダムスが著した『予言集』について、彼の伝記や逸話を交えて解釈したものであった。そのなかで、一九九九年七の月に人類が滅亡するという解釈を掲載したことにより、公害問題などで将来に対する不安を抱えていた当時の日本で、この本はベストセラーとなった。

この有名な予言者ノストラダムスに勝るとも劣らないのがジュセリーノである。ジュセリーノは、子供向けの英会話教室を営んでいる四十七歳のブラジル人であるが、九歳のころから予知夢で未来の出来事をいい当てている。予言の内容は事件や災害などが多く、予知の対象となった人物や政府などに手紙を送って、未来に起こる出来事を警告している。日本ではテレビの特別番組で紹介され、予言に関する著書が出版され、講演会も行っている。

私の東京の信者さんが彼と親しい関係で、今年の春、ジュセリーノの講演を聴き、彼と話す機会があった。

人柄は真摯で質素な方であり、一九〇センチ以上もあるような大男である。ジュセリーノのこれまでに当てた予言で有名なものは、「九・一一同時多発テロとイラク戦争」「サダム・フセインの所在情報」「スマトラ沖大地震とインド洋の津波」「オウム真理教による東京地下鉄サリン事件」などとされている。私は仏教の立場から、「地震の原因の多くはそこに住む人の心、意識や行いと深い関係がある」と彼に説いた。彼も同意見だったのだろう、二人はしっかりと手をにぎりあい、彼は「いいことを教えてくれてありがとう」といった。

その後、ジュセリーノをぜひ富良野に呼ぼうと、〈宙に感謝〉の小池さんと話をしていたところ、不思議なご縁と札幌の山本慧呼さんたちの尽力で、彼は平成二十年十一月五日に富良野文化会館で講演し、石佛庵で夕食会を開く次第となった。講演では、世界の危機を日本が救い、その日本を北海道、そして富良野が救うと語った。その富良野の重要人物が齊藤さんで、世界の精神的指導者であるといってくれた。「ありがとう、感謝します（笑）」。食事会では一同すっかり打ち解け、私の子供たちも彼とフレンドになった。

平成二十年十一月

予言者ジュセリーノ　II

十一月、私の町にジュセリーノがやってきた。彼は九・一一テロ、長崎市長暗殺事件等々、さまざまな予言をし、的中したことで有名である。講演では「あと二十年で気温が大幅に上昇し海面が約七メートル上昇、日本の大部分が生活に適さなくなり、多くの人が北海道に避難するでしょう」と話をされた。自然環境や他の生物との調和ある共生が大切であり、日本が自然を傷つけない、水や大気を汚染しないで文明を享受することができるテクノロジーによって世界を救わなければならないそうである。

とにかく彼のいわんとすることは、「大自然の心、神仏の心を心とした私たちの調和ある心と行いが大切」と要約される。

夜は石佛庵で、ジュセリーノとの食事会を開催した。彼は偉大なる予言者であるが、慎ましく謙虚な方である。私の小学生の子供たちとはすっかりフレンドになり、約二十名の参加者も交え、彼も楽しそうに過ごしてくれた。「ありがとう。感謝します」。

私たちは六識、判断識（日常の意識）を平静に調和し、真我なるおのれの神の心と対話しつつ、正しく見、正しく思い、正しく行動することが大切である。すなわち、祈りにより真我（九識）にアクセスしつつ、地球と調和した生活を送る必要がある。

今回とても共感したのは、彼の著書にもある「行動をともなわない願いは現実にならない」という言葉である。夢を心に抱いただけで行動をともなわず、空しく人生を過ごす人があまりに多いと思う。理想は「祈り」、そしてその実現のプロセスを「よくさとり」「実行する」ことにより実現することだ。

日蓮仏教は実現の宗教といわれている。また法華経には本仏の理想実現のプロセスが説かれている。私たちは本仏の分身であり、本仏の浄土建設という理想の一翼を担っている。南無妙法蓮華経と唱え本仏の心を心として本仏の活動に参加することが、実現の最短距離である。また実現法則には、①一念三千（思いは実現する）、②因果論（原因結果の法則）、③波動同調の法則（引き寄せの法則）、④フォーカス理論などがある。だが最も大切なのは実践、行いである。三次元は行いの場なのだから。

平成二十年十二月

ラーフラ

私が若いころの知り合いである当時大学生であった渡辺さんは、少年のような感じの若者で、いつもでんぐり返しをして遊んでいた。ずいぶん格好をつけない人で、リラックスしているなと想っていた。当時、この人の過去世はラーフラであると噂されていた。ラーフラはお釈迦様の出家直前に生まれた子供なので、出家の決意を鈍らせる障碍という意味でラーフラと釈尊から名づけられた。

本人は、

インドではお釈迦様の息子だった。そのため、チヤホヤされたり、お調子者で心が外に向きやすく、寂しがりやで、人から相手にされないとウソをついてしまうこともありました。お釈迦様を訪ねてきた人々に対して、その所在を尋ねられたりするとわざとウソをつき、別な場所に行かせてしまったりするような悪ふざけをして遊んでいたこともあるようです。それについてお釈迦様から厳しく叱責をいただいたこともあります。しかしそのうちに、忍辱と学習の悦びを覚えるようになり、〝沈黙〟を悟り、その後は〝沈黙〟から一歩も出ることはなく、人々に対してはこの〝沈黙〟への至り方、悟り方のトレーニングのようなことをして比較的静かな、そして短い生涯を送りました。

と自分の過去世を紹介している。

私は、ときどき彼の文章を見て本当の悟りが開けるかいつも心配していたが、このごろ大分進んだ境地に入ったようで、仏教の要をよく説明しているので、最近は期待している。

実は、ラーフの語義は、シャカ族のトーテムである「竜の頭」という意味があるそうで、ラーフラは、竜の頭になるものが産まれたと釈尊に祝福された名前だったようである。

私のインド時代の過去世はカッチャーナじゃないか？　と人からいわれたことがあるが、カッチャーナはお釈迦様の弟子で、「論議第一」あるいは「広説第一」と称される。姓がカッチャーナだったため、人々は彼に敬意を込めてマハー・カッチャーナと呼んだ。彼は、普遍性、平等、真理の実践、煩悩、欲望の消滅を強調し、地方とお釈迦様のところを往復し、多くの弟子を作ったそうである。

平成二十一年一月

十大弟子大迦旃延（マハー・カッチャーナ）

マハー・カッチャーナは釈尊の時代にバラモンの子弟として生まれた。彼は伝統的なバラモンの教えに疑問を持ちつつ、いかに修行すれば梵我一如を実現し悟れるか研究熱心であった。出自はアヴァンティのバラモンで、幼名はナーラカといい、とても聡明な少年であった。また父は国王の師であり、兄も博学であった。兄は多くの人を前にバラモンの聖典『ヴェーダ』の講義をしていた。ナーラカはその兄の講義を一度聞いただけで、すっかり理解できた。しかし、兄は弟に自分の名声が奪われるのではないかと、ナーラカに敵意を持っていた。それを察知した父は、ナーラカを伯父であるアシタ仙に預け、彼のもとで修行させた。アシタ仙は、「まもなくブッダが出現されるから、その弟子となり修行せよ」と遺言して亡くなる。王は釈尊の名声を聞いて、どのような者かを知りたかった。そして、カッチャーナを含む七人を釈尊のもとに派遣するが、カッチャーナは仏弟子となり釈尊のもとに留まる。後に、アヴァンティに帰国して王を仏教に帰依せしめ、多くの人々を出家させた。出家のための授戒儀式には十人の比丘が必要だったが、辺鄙な地では十人の比丘が集まらない。カッチャーナは釈尊に辺地の場合は五人の比丘でも具足戒を授けることができるように、とお願いした。

彼の論議第一との評価は、仏法を論理的に詳しく解説することができるという意味で、彼の説いたことが原始仏典に多く残っているそうである。

私が想うには、彼の信条は「真理とはどこでも通用する普遍妥当性を持ったものであり、ゆえに仏法は論理的に説明できる。人は出身階級ではなく、行いによって尊い。すべての人は仏性《ぶっしょう》を持つゆえに平等である。仏性の本質とは慈愛である。情欲を制御することにより心をよくコントロールでき、それが悟りには重要なことである」というようなことである。

私は釈尊の在世時代を想うと、地面に石で囲いを作り、そのなかで梵火をたき、その火を見つめている情景が心に浮かぶ。また何人かで遠い旅をしてサールナートのお釈迦様にお会いしたような気がする。サールナートは本当に素晴らしいところである。

平成二十一年二月

フェルディナンドII世とアラゴナイト

昨年の秋に数珠屋の梅庭さんが来て、ひとしきり石の講釈をして帰った。彼はハンサムだがよくしゃべる人で、帰り際に玄関でもそこに飾っておいた金運の黄色い石の玉を褒めちぎり、今度来たときはぜひこれを分けて欲しいとまでいった。この石は釜沢さんが石佛庵の競り会で、鍾乳石《しょうにゅうせき》を磨いた珍しいものだといって売ってくれたものである。しかし最近、この石はアラゴナイトであるということがわかった。また調べてみると、アラゴナイトは一七九七年、スペインのアラゴン地方で発見され、名前も産地にちなんだものであった。

実は以前、過去世想起を行っていたとき、私は「エスパニア！」と叫んで瞑想から覚めたことがあった。エスパニアといえばスペインのことである。しかも、どうも私は、スペイン建国時の情景のなかでエスパニアと叫んでいたようだ。

エスパニア建国について調べると、アラゴンの皇太子であったフェルディナンドII世は一四六九年十月十九日にカスティーリャ王女イサベルと結婚。この当時イサベルはポルトガルに嫁がされようとしていたが、同盟相手として必要なのはポルトガルではなく地中海に領海権を持つアラゴン王国であると判断し、彼との結婚を決意したのである。この婚姻関係により、一四七四年にイサベルが女王に即位したのにともない、カスティーリャ・アラゴン連合王国、すなわちスペイン王国（エスパニア王国）が誕生した。以前、フェルディナンドはアラゴン王である父を補佐し、対フランス王国戦に従事していたが、これ以降はイサベルとともにカスティーリャ国内の統一、そしてイベリア半島に唯一残ったイスラム教国であるグラナダ王国との決戦を最優先とし、一四九二年一月にグラナダ王国を制圧し、ついに約八〇〇年に渡るレコンキスタを成就した。このグラナダ陥落までの九カ月、イサベルは願懸けのため下着を替えなかったという。これによって彼女の下着は茶色がかった灰色となり、イサベル色が誕生した。

私が中学のころ、コロンブスのことがずっと気になっていたが、中学卒業のときに学級を代表して先生に差し上げた船が新大陸発見のときに使われた帆船サンタ・マリア号の模型であった。また結婚前、私はときどき妻をジョークで女王様と呼んでいたが、彼女は茶色い服をよく着ていた。何かあるような気がする。

平成二十一年三月

米百俵

四月十八日、今年も全国聖徒団大会に檀家さんを引率して身延山に登った。三門下の門前町のある店のショーウインドーに薄い黄色の石の招き猫があった。その石をよく見ると、まさしく自分が過去世にいたスペインに産出するアラゴナイトである。その猫にじっと見とれていると、後ろから「おじさん」と若い女性の呼ぶ声がする。振り返ると、スラリとした美しい女性である。じっと目をこらしてその顔を見ると、姪の洋子だった。洋子はこの数珠屋さんの友達で、店が聖徒団大会で忙しくなるので手伝いをしているとのことだった。

日蓮大聖人をリーダーと仰ぎ、法華経に説かれる浄土建設の使命を負ってお題目を受持する如来の使者を聖徒と呼ぶ。日蓮宗聖徒団全国結集身延大会とは、この聖徒たちが信仰の契りを結ぶ大会である。日蓮大聖人の「日蓮が弟子・旦那らはこの山を本として参るべし、これすなわち霊山の契りなり」（『波木井御殿書』）のご教示に従い、去る四月十八日から十九日の二日間にわたり、全国各地から一五〇〇余名の聖徒（地涌千界の菩薩）が集い、第四十四回結集身延大会が開催された。以前は参加聖徒数二五〇〇名を超えた聖徒団大会も人数が減少し、会の勢力も下がっている。会勢の減少とともに予算と活動も制限されざるを得ないが、ある副会長は米百俵の譬えのように、今こそ少ない予算を会の未来を支える教育につぎ込め、とよくいわれる。

佐久間象山門下には「象山門下の二虎」と呼ばれる小林虎三郎と吉田寅次郎（吉田松陰）の二人がいる。この二人を評して、佐久間象山は次のようにいっている。「天下を動かす政治を行う者は吉田（松陰）であり、わが子を託して教育してもらいたいのは小林のみである」。さて、時は流れ、虎三郎が四十歳になるころ、北越戊辰戦争に敗れて焦土となった長岡藩は七万四千石から二万四千石に減封され、藩士は飢餓状態に陥っていた。窮乏を極めた藩士の生活を見かねて、長岡藩の支藩である三根山藩が見舞いとして百俵の米を送ってきた。藩士たちはその米を分配してもらえるものと期待するが、藩政を担う大参事という役職にあった虎三郎は、米を売ってその資金で国漢学校を設立し、将来の長岡や日本を背負って立つ人材を育成しようとする。この学校は、山本五十六、小野塚喜平次（東京大学総長）、藤野善蔵（慶應義塾塾長）らを輩出した。

平成二十一年四月

樹木葬

近頃、樹木葬というのが世間では流行り始めている。自然の山野の木や石のもとに亡くなった家族の遺骨を葬る埋葬法だそうである。まあ、石の下ということなら樹石葬であろう。東京方面の檀家さんの友人が、「故人の遺骨をラベンダー畑に埋葬したいのですが、よいでしょうか」と問い合わせてきたが、「畑のオーナーも観光客も気味悪がるだろうから、無理でしょう」と回答しておいた。樹木葬なら区域もしっかりして自然破壊もなく、案外よいかもしれない。しかし、みんなが勝手に散骨すれば、山林オーナーも困るし、遺体遺棄とも区別できなくなるだろう。

さらに、近頃話題になっているのは遺骨の受取拒否である。旭川地区のお坊さんたちがいうには、火葬場で「それはいりません」という遺族が増えているそうである。私が「それって何ですか？」と聞くと「遺骨のことです」という。暗然たる思いがする。このような現象が増加する原因は、死んだらあの世も霊魂もないんだという唯物思想の蔓延にあるようである。遺骨も唯物論からいわせると、単なる物体となるのであろうか？

日蓮宗霊断師会本部布教区別研修会のための講師研修が、東京本部で五月十一日から十三日の日程で行われた。私は整識観という学問のなかの九識という人間の超意識についてお話しした。

整識観は人間の心の仕組みと世界の仕組みについて解き明かした学問である。私たちの心の奥深くを探っていくと、仏性といわれる心がある。この心の根本は神仏に通じ、九識という。九識は宇宙根本の生命体、つまりご本仏の心と同一体であり、本仏とともに常住不滅の生命を生きている。一切衆生の霊魂は本仏から生まれ、個性を持って永遠の生死輪廻という生命進化の道をたどっている。

一方、物質界も本仏のみ心から顕れている。大宇宙の星辰も神の身体といえよう。本仏のみ心から私たちの心は生まれ、心に宇宙のすべてが備わっている。ゆえに人類総和、万国共栄のご本仏のみ心にそった生き方が私たちの幸福への道でもある。

そのような人生を送った貴い故人の遺骨は、敬意をもって大切に葬りたいものである。

ちなみに、石佛庵・本要寺には三十三観音永代供養のお墓がある。丁重にご遺骨を埋葬し、日々供養している。

平成二十一年五月

国常立尊と芦別岳

芦別岳は夕張山地にある標高一七二七メートルの山で、私は中学生のとき、担任の先生の引率で同級生と登山したことがあるが、〈北海の槍〉とも称されるごとく、鋭く聳える山である。また芦別岳は大本教の出口王仁三郎師によれば、国常立尊《くにとこたちのみこと》が隠退された山とされる。国之常立神《くにのとこたちのかみ》は日本神話に登場する神である。『古事記』では「国之常立神」、『日本書紀』では「国常立尊」と表記されている。別名、国底立尊《くにのそこたちのみこと》。天地開闢の際に出現した神である。『古事記』においては神世七代の一番目に現れた神で、『日本書紀』本文では国常立尊が最初に現れた神であり、男神であると記している。神名の「クニノトコタチ」は、国の床《とこ》(土台、大地)の出現を表すとする説や、国が永久に立ち続けるの意とする説など、諸説ある。

私は、この大地創造の神が、地球環境激変、世界経済崩壊、政治システム不能のこの変革の時期に芦別岳より立ち上がりたまい、世界産業、政治、経済システムを再び立ち上げられると思う。その意味で、世界をその科学技術で救うとされている日本の精神的柱が芦別岳のある富良野であると信じる。ゆえに富良野は自然と共生し人々の心と心の調和した世界の町の元型となるような町作りをしなければならない。

国常立尊は世界創成の神であり、本年よりいよいよ立ち上がりたまい、日本創成をされる。日本の政権はおそらく自民党から民主党に移り、北海道の鳩山氏が総理大臣になるだろう。

私は、毎日散歩し、芦別岳に手を合わせ、国常立尊を拝んでいる。先日、第三の目を清めて就寝したところ、国常立尊のお姿が心眼に映った。神の立ち上がられたお姿は、裾野から芦別岳八合目の高さまであった。衣装は黒の衣冠束帯のように見えた。山の霊性と一体となられた大いなる姿である。私は尊のお姿を拝見する三日ほど前に、山を飛行して降りる霊夢をみ、国之常立尊の存在を感じていた。

日本は早急に自然環境と調和した農業などの産業を育成し、自然破壊を招く大量生産、大量消費型の産業のあり方を是正しなければならない。それには私たちの幸福についての考えを改め、ライフスタイルを大自然と調和した家族中心の生活に改めるべきだろう。

平成二十一年六月

神武天皇の霊波

今年も縁あって、近畿布教区の日蓮教学研修会の講師に招かれ、七月九日、奈良県橿原市ロイヤルホテルにおじゃました。聴衆は近畿、京都、奈良、大阪、和歌山のお坊さんたちである。講演内容は仏教心理学（整識観、唯識論）で、心と宇宙の仕組みを解き明かし、本当の自分とは何かを知るためのお話をした。

人間の心は九層に分けられ、最深の心を第九識（阿摩羅識）という。この意識は宇宙根本の光である意識体の分霊（分光）で、別名仏性《ぶっしょう》という仏の意識である。この意識は内から見ると自分の意識主体であり、客観的に外から見上げれば神仏である。

宇宙も自己の心も、この光の意識体を中心とした世界となっている。この光の意識体は霊太陽であり、それを日蓮大聖人は妙法蓮華経とお呼びし、ご本尊とされた。南無妙法蓮華経とはこの光をもとに生活することをいう。この光に祈ることを〈本門の題目〉、この光を悟ることを〈本門の本尊〉、この光に生きることを誓う場所を〈本門の戒壇〉という。

戒壇とは、妙法蓮華経という戒を受け、南無妙法蓮華経と唱え、仏の命を生きることを誓う場所、仏に即位する場所である。つまり法華経に説かれる地上の浄土を創造することを誓う壇である。

七月九日の午前中はスケジュールが空いていたので、近くの橿原《かしはら》神宮と神武天皇御陵を参拝した。橿原神宮には建国の始祖神武天皇と媛蹈鞴五十鈴媛《ひめたたらいすずひめ》皇后が祀られている。神武天皇は日向国高千穂の宮におられたが、天下を安寧に治めるため、はるばる東遷の途に立たれた。幾多の困難のすえ、ついに大和の国を中心とした中つ国を平定され、畝傍《うねび》の橿原宮において即位の礼を挙げて国の基を建てられたそうである。橿原神宮はそうした神武天皇の霊威を備えた厳かな神宮であった。日本の国造りを誓われた戒壇の原型ともいえるのではないか。

神武天皇御陵はその近くにあり、参拝すると非常な霊感に打たれた。その霊波は強風のように押し寄せ、感動極まりなかった。私はいよいよ今年から日本の建て直しが始まることを確信した。神武天皇のご霊も人々を導いていかれることであろう。

平成二十一年七月

心のアセンション

札幌方面のお盆の棚経は少し早く、七月に行われる。その帰り、ご無沙汰していた加藤園美さんのところへお寄りした。彼女は相変わらずの美貌と愛想のよさである。私は、マダガスカルのオパール化したアンモナイトと象牙細工のように繊細な造形の羽幌《はぼろ》の白いアンモナイトのループ・タイをここで購入した。彼女は私の体を心配し、「水晶で編んだ枕カバーをぜひ買ってください。体にいいですよ」という。私はどうだろうと少し疑っていると、話題は「先生の『石佛庵記』はとても素晴らしいのに、『愛石の友』に載ってないですよね。『愛石の友』は先生の文章しかおもしろくないですよね。『石佛庵記』を載せるように、皆で電話しましょうか」という。私は「好きなことが書けるから、今のままでいいんですよ」と申し上げた。少し嬉しくなった私は、つい水晶の枕カバーを購入してしまった。夜寝るときに使うととても気持ちがよく、心身の疲れのエネルギーが取れるようである。目もお陰様で――禁酒の効果と相まって――よく見えるようになってきた。今ではもう一つ送ってもらって、安楽いすのヘッドレストにも掛けて使っている。皆さんは水晶はパワーがあるというが、私は水晶は心身の波動を調整し高める作用があるのだと思う。

最近UFO研究家の高橋良典さんが二〇一二年といわれるアセンションの内容について、「少し速まり、大地震があり、続いてポールシフトが起き、大災害が起きるが、準備のできた多くの人は仮死状態になり、その間、五次元にアセンションする。その間、UFOが人類をサポートしてくれて、目が覚めたときには地球の次元が変わってしまう」と講演している。水晶は私たちの心のアセンションのようなことに役立つかもしれない。

芦別岳に在《まし》ます国之常立神《くにのとこたちのかみ》を主神とする『日月神示』（中矢伸一、徳間書店）によれば、まず日本に立て替えの現象が発生し、その後に世界の立て替えが起こる。それは「火」と「水」の洗礼であり、陸地の大規模な冠水や隆起、地軸の移動、大地震、大嵐、大雷、大竜巻、小惑星の衝突など、ありとあらゆる異変が続発する大異変である。またそのクライマックスには、すべての生き物が仮死状態となり次元移行するそうである。そんなことにならぬよう、今から一人一人が水晶をそばに置き、南無妙法蓮華経と唱え、心のアセンションをしよう。

平成二十一年八月

彼岸――浄土とは我が心なり

今年も富良野の水田の稲が黄金に輝き、爽やかな秋彼岸を迎えた。彼岸は春分の日と秋分の日の前後七日間である。春分・秋分はその中間に位置するので、彼岸の中日と呼ぶ。彼岸には昼と夜の長さが同じになり、仏教の中道の教えにかなう気候も調和した日となるので、お寺に参詣し、お墓に参り、先祖を供養する。

彼岸の起源は、お釈迦様が迷いの世界と悟りの世界を、雨期で増水し渡るに難しいガンジス川の食料の乏しいこちら側（此岸）とマンゴーがたわわに実っている向こう岸（彼岸）に譬え、迷いの世界（此岸）から悟りの世界（彼岸）へ行く方法を弟子に説かれたことにある。

彼岸とは執着の川を越えた向こう岸、現世を超えた世界で、霊山《りょうぜん》浄土、天国のことでもある。ところで、この浄土とはどこにあるかといえば、他でもない自分の心のなかにある。否、心の状態である。「浄土とはすなわち我が心の状態なり、悟りなり」ということである。

お釈迦様は、彼岸（悟り）への道を八正道や六波羅蜜としてお説きになられたが、その道のゴールは神仏の子である我らの心の内にある本覚の如来（仏心・慈愛）である。ゆえに彼岸に渡るとは、恐れの心の世界から仏の子としての慈愛の心への帰還である。

法華経にはこの本当の自分への帰還を〈長者窮子《ぐうじ》の譬え〉で説かれている。ある長者の子供が幼いときに家出した。彼は五十年の間、他国を流浪して困窮したあげく、父の邸宅とは知らず門前にたどり着く。父は偶然見たその窮子が息子だと確信し、召使いに連れてくるよう命じる。しかし何も知らない息子は捕まえられるのが嫌で逃げてしまう。長者は召使いにみすぼらしい格好をさせて、「いい仕事があるから一緒にやらないか」と誘うよう命じ、ついに邸宅に連れ戻す。そしてその窮子を掃除人として雇い、一番汚い仕事からさせた。やがて窮子もいろいろな仕事をこなすようになる。二十年の月日が経ち、死期に近づいた長者は窮子に全財産の管理を任せ、実の子であることを皆に明かした。この物語の長者とは仏、窮子とは衆生である。彼岸に至るとは、自己保存、恐怖心の作り出した迷いの窮子から、仏の子としての自分に帰ることをいう。

これと同じような話が〈放蕩息子の話〉として聖書にある。南無妙法蓮華経とは本当の自分への帰還なのであろう。

平成二十一年九月

黒石寺

十月十四日、日蓮宗霊断師会総合研究所の会議を、霊断部長の三浦惠伸上人の企画で、奥州平泉で開催した。私は早朝、弟子の運転する車で富良野を出発し、湖面に鮮やかな紅葉を映す三笠桂沢湖に掛かる橋を渡り、千歳に到着。十時過ぎのＡＮＡで仙台に向かった。機内で席に着くと、「やあ久しぶり」と声をかけてくる男がいた。よく見ると、知人のラーメン店〈らーめん山頭火〉の社長である。「やあ元気そうですね、チェーン店の視察ですか」と聞くと、「仙台工場で新製品の開発だよ」と彼は答えた。ラーメン・チェーン〈らーめん山頭火〉は旭川で始まり、今や日本全国とアメリカにまで支店を有する。社長はラーメン界の風雲児である。

ホテル武蔵坊に着くと、早速研究所の平成二十二年度の事業計画と予算についての綿密な打ち合わせをした。会議終了後は温泉に入り、郷土色豊かな美食と三浦上人の運んできた三陸の新鮮な魚介類に舌鼓を打つ。

翌日、少しできた時間で毛越寺《もうつうじ》・中尊寺など名だたる名勝寺院を参拝し、黒石寺《こくせきじ》にいたる。黒石寺に着くと、五十歳ぐらいの細い体だが、大きな声の作務衣の婦人が、お寺と永承二年（一〇四七）慈覚大師像造立の薬師如来像について詳しく説明してくださった。彼女は、檀家は少ないのだが伝統はある大きなお寺を維持する苦労をいろいろ語ってくれた。ふと疑問に思い尋ねると、彼女が住職なのであった。私は彼女に、「なぜこのお寺は黒石寺というんですか」と尋ねた。住職は「慈覚大師円仁が東大寺を出て錫《しゃく》を東奥に曳き、大師山に至り、黒い石の上で座禅をしていたので、そういう名になったそうです」と教えてくださった。

そして、黒い蛇紋岩《じゃもんがん》の見本を見せてくださった。私は「この大きな黒い蛇紋岩を磨いてご神体とし、参詣者に病気平癒、健康祈願などしてもらってはいかがですか。サウジアラビアのメッカにあるイスラム教の聖地〈カーバ神殿〉には黒石が祀られているそうですよ。また〈黒石飴〉を作って土産にしたらどうでしょう」などとお話しした。

私の好きな神居古潭石《かむいこたんせき》の真黒石《まぐろいし》は、眺めていると心が落ち着き静寂となる。その沈黙のなかに宇宙の実相が開示されてくる。まるで黒い石のなかに宇宙のすべての実在が密在しているかのようである。黒い石の扉の向こうには、仏と一体となった自分がいるのかもしれない。

平成二十一年十月

ヘルメス主義

ヘルメスといえば錬金術師ヘルメスが有名である。彼はエメラルド・タブレットやヘルメス文書を著し、また中世の錬金術師として〈賢者の石〉を実際に手にした唯一の人物とされている。「ヘルメス思想」とは、ヘルメス・トリスメギストス（Hermes Trismegistus）の思想の流れにある、世界の神秘を体験しようとする思想である。

ヘルメス・トリスメギストスは、神秘思想・錬金術のマスターである。彼はヘレニズム時代に融合したギリシャ神話のヘルメス神とエジプト神話のトート神が、さらに彼らの神秘を継承する人物として考えられた錬金術師ヘルメスと同一視されて、ヘルメス・トリスメギストスと称されるようになったそうである。それら三人のヘルメスを合わせた者という意味で、「三倍偉大なヘルメス」と訳される。

書棚の片隅で眠っていたドリーン・バーチュー博士『ディバイン・マジック——願いが叶う七つの秘法』（クレイヴ出版事業部）を最近読んで大変参考になった。以前、私はドリーン博士の瞑想誘導CDを聴いて大いに心を癒され、自分の重要な過去世をよく思い出すことができた。彼女には感謝している。この本はヘルメス哲学の書『キバリオン』が伝えるメッセージをドリーン博士が分かりやすく解説している。すなわち、「真実の原則は七つある。これらを知って理解する者は、触れる前にすべての寺院の扉が開かれる魔法の鍵を手にするだろう」（『キバリオン』）とある。

第一法則　唯心論……すべては意識。森羅万象は心。
第二原則　照応……上なるものは下なるもののごとし。
第三原則　振動……すべてのものは振動する。
第四原則　極性……すべてのものに二つの極がある。
第五原則　リズム……すべてのものに振り子の動きがある。
第六原則　因果関係……すべての結果には理由がある。
第七原則　ジェンダー……すべてのものに男性的な側面、女性的な側面がある。

つまり、すべては神仏の心の顕れであり、万物は振動する。この万物の法則を理解して正しい心で行うなら、理想は実現する。この考えは仏教的実現の法則と中道思想によく似て、興味深いものがある。

平成二十一年十一月

天目上人の天眼

ヘルメス哲学の書『キバリオン』が伝えるメッセージの第三原則は振動「すべてのものは振動する」であった。近頃、自分の意識を悟りの次元から見直すと余分な後悔が多く、時間とエネルギーを無駄使いしていることに気がついた。要は低い次元の意識で無駄な後悔が多いのである。これも一つの執着であった。また一つ一つの仕事にも余分な躊躇や恐れで時間やエネルギーを浪費している。もっと低次元の感情を整理して意識をクリアーにし、効率を上げたいものである。こう考えると、今まで一時間も要していた仕事も五分くらいでできることが解った。これも一つの悟りか？

十二月二十四日に本山の役員・新間智雄僧正が星野恵暢僧正と宗会議員の大塩孝信僧正をともなって本要寺にいらっしゃり、私の請待式を執行することになった。請待式とは、私を本山貫首に招く式である。

新宿感通寺住職・新間智雄僧正は本当に一生懸命私の本山貫首就任のために動いてくださった。「いうは安く行うは難し」、なかなかできないことであり、ただ感謝のみ、頭が下がる思いである。新間僧正はいま霊断師会と宗門のため、日本と世界のため、霊断師会会長を目指しておられる。私も以後は本山・妙顕寺と本要寺、宗門のために尽力する覚悟である。忙しくなりそうなので、私の意識も倶生霊神（守護霊指導霊）様が高次元化してくださるかもしれない。

この十二月十六日から十七日、私は妻洋子と本山・妙顕寺に打ち合わせに参詣してきた。私の本山貫首就任を祝福するかのような快晴であった。行き帰りに頭のなかをいじられている感じがしたが、本要寺に帰ると視力が改善されていた。思うに、佐野妙顕寺開山中老僧・天目上人はそのお名前から察すれば、天眼を開かれていたのかもしれない。それで私の目もお治しくださったのかもしれない。

天目上人は美濃阿闍梨と称し、下野安蘇郡奈良渕村で布教していたとき、唐沢城主および家臣の若田部源五郎光盛が帰依して一宇を建立されたのが妙顕寺の始まりである。なお、天目上人は、荼毘に付されまだ熱い日蓮聖人のご真骨を火のなかから素手で摑み取り、今も妙顕寺にご奉安されている。

日蓮大聖人に報恩感謝のお題目を捧げ、神仏の高い周波数の振動で心を調整して、私も道に精進したい。

平成二十一年十二月

真我

仏教もその他の諸宗教も、何らかの意味で悟りを目指している。悟りとは、本当の自分との邂逅であり、低次元の我からの解放であり、人間復興のルネッサンスである。私たちの本当の幸福は理想の自己実現であるが、理想の精神、魂で生き抜くことは難しい。

チャップリンも人生は地獄だったといったそうだが、その困難は、肉体という魂の頸木に袈裟という三次元物質界の牢獄に我らが囚われていることによる。この物質界が幻であり空《くう》であることをよく知って、魂がそれらの執着から解放されると、自分を束縛するものは何もなかったこと気付く。この一切の存在や他人などに対する執着は、結局自己への執着である。

心を内に向け本当の自分を見つめよ
眼に見えるすべては、移ろいゆく
耳に聞こえるものはエコーとともに消えていく
文字や言葉のなかに真理はない
心をしっかりと内に向け、本当の自分を見よ

すべての執着を捨て去り
サッダルマ・プンダリーカの自分を見つけよう
本当の自分とは、真我、九識、本覚仏、妙法蓮華経
すべての自分に南無妙法蓮華経しよう
森の木々
空に浮かぶ雲
山や川そして河原の石
すべてが自分

平成二十二年一月

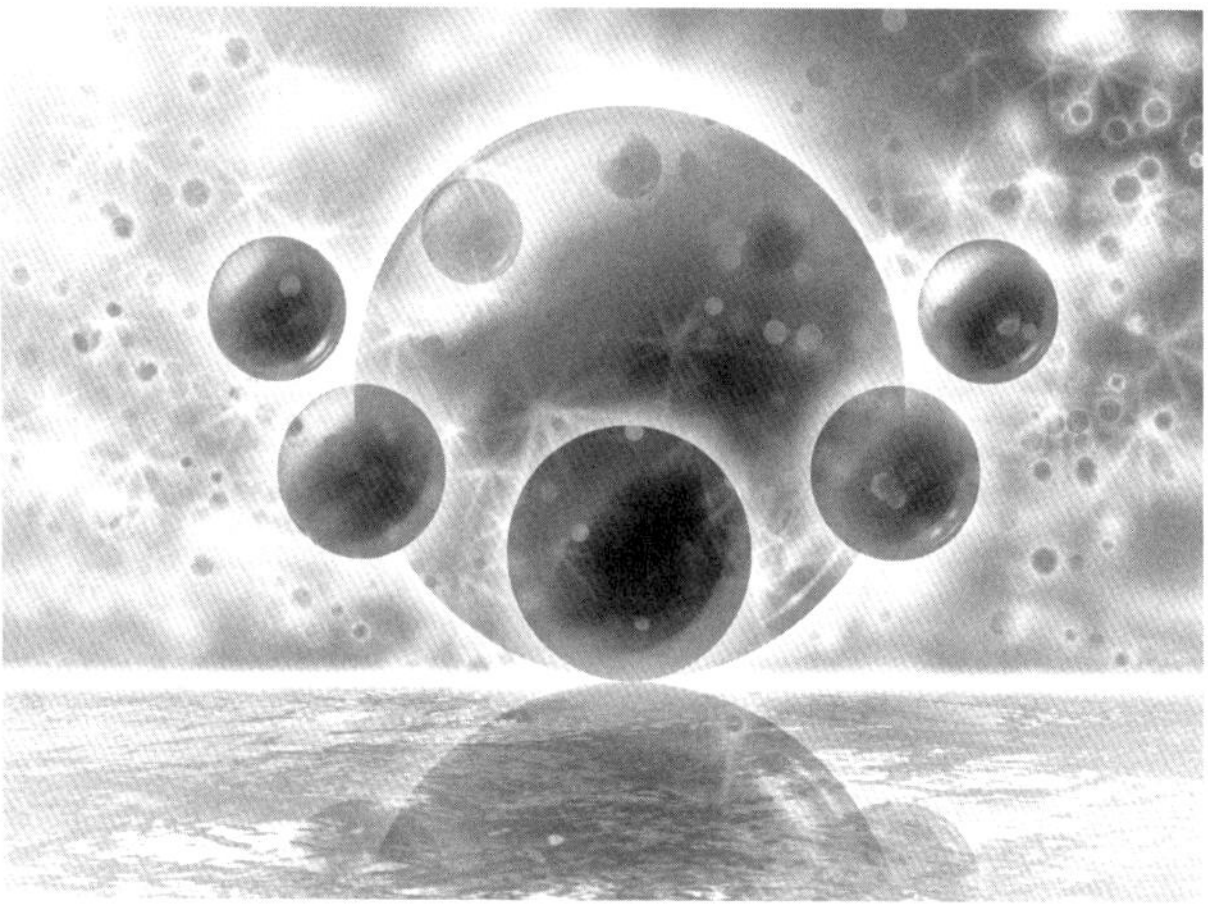

四徳波羅蜜

人はだれでも死にたくない、不死の命がほしい、楽しく安楽な生活がしたい、人に強制されない自由な生活がしたい、清潔な環境で立派な家に住みたい、と思っている。これを人類の究竟目的といい、次の四徳波羅蜜に整理される。

常波羅蜜……常住不滅の生命を欣求する。
楽波羅蜜……無苦安楽の生活を欣求する。
我波羅蜜……自主自由の立場を欣求する。
浄波羅蜜……清浄《しょうじょう》平安の楽土を欣求する。

しかし、この無常の娑婆（仮の世界）では、これらのことを求めても得ることは難しい。古来、いかなる権力を握った者も、無苦安穏の生活、自主自由の立場、清浄の楽土の三つは手に入れても、不死の命だけは実現できなかった。地上最高の権力者であった秦の始皇帝であっても、ありとあらゆる手段をこうじても不老不死の仙薬は手に入れられなかった。

なぜ人は四徳波羅蜜を求めて止まないのであろうか。実は、私たちの命の本質にそれらは備わっているがゆえに、人は地上界において本能的にそれらを求める。私たちの命の本質は永遠不滅であり、その実相は常に楽しむ自由な魂なのである。

この私たちの命とは何か、それは永遠の仏の命なのである。であるから、私たちはこの四徳波羅蜜を外の世界にではなく、内なる心の仏に求めるべきなのである。心を静めて内なる真我を発見し、四徳波羅蜜を獲得しよう。次にそれを諸行無常の娑婆世界に実現しよう。

人は盲目的に四徳波羅蜜を現象世界のなかで求めてきた。四徳波羅蜜成就の願望は煩悩や無智によって変化し、個人個人の願望に従ってさまざまなレベルで発現してきた。それらが人類史を進める大きな動力となったのである。つまり、それらの創造行為の総和に人類の文化、政治、経済、産業の発展があった。たとえば航空機の発達、高層ビル群の出現などである。

日蓮仏教は、仏の世界（空の世界）の四徳波羅蜜を諸行無常の娑婆に移す実現の宗教なのである。南無妙法蓮華経と唱えて空から仮、仮から空へと往観する。このところを中道と呼ぶ。人類は、個人レベル、社会レベル、国家レベル、世界レベルで四徳波羅蜜の実現に邁進している。

平成二十二年二月

中心点

北海道富良野市本要寺の隣には私の幼き日に通った小学校がある。あまりに自宅から近いので、ベルが鳴ってからでも始業時間に間に合ってしまう。忘れ物をしても、そっと休み時間に家に取りにいけた。お陰でかえって遅刻も多かった。休み時間に遊んだグランドの片隅に不思議な構築物があった。大正三年（一九一四）から約二年間、当時の京都帝国大学の博士が北海道の中心地点としてここに機械を据え、地球の重力や経緯度などの測定をした遺構であった。今は記念に大きな赤い巨岩の中心標が建てられている。

私は子供のころから、富良野が北海道の中心であることに訳もなく誇りを持っていた。富良野市民もまた、北海道の中心ということに大いに喜びを持っている。〈北海へそ祭り〉という奇祭まで創り踊りだす始末である。「見るもよし！　踊るもよし！　飛び入り大歓迎の愉快なお祭り」と観光協会自賛の祭りである。お腹に顔を描き図腹と称し、毎年七月二十八・二十九日の両日、街を練り歩き踊るユニークなへそ踊りのお祭り。観光客にも愛される〈北海へそ祭り〉も二〇一〇年で四十二回目を迎える。

縁あって佐野の地にやってきた私は、ここが日本の中心であると知ってまた驚いた。栃木県佐野市田沼は〈どまんなか田沼〉という。佐野市でもぜひへそ踊りを弘めたいものだ。

ところで、大宇宙の中心はどこにあるのだろう？　どうもそれは自分の心の中心にあるらしい。大宇宙のなか、心意識たる神（本仏）がそこに住んでいるからだ。

したがって、自分の意識を心の中心に持っていくと、自己は宇宙の中心に位置し、心は静寂のなかで安定し安らぐ。大宇宙の意識の中心と個である人間の意識の中心は同じ一点であり、それは同心円を成している。この点にフォーカスすると、心は神仏と通じる。この一点で人は一切の執着と煩悩から遠離《おんり》できる。この中心より外側に外れるにしたがって肉体の五官に影響され、煩悩に左右される。肉体を持つと心は、諸現象にほんろうされて欲望に支配され、自己保存、自我我欲に走る。

心の中心点に立ち、人よ、神仏の慈愛の光、霊流を感じよう。中心点の周りを回り、神仏の踊りを踊ろう、グルグルと。私は北海道の中心から日本の中心である佐野に入り、世界の平和と繁栄を祈っている。

平成二十二年三月

マトリックスからの覚醒

大ヒット映画『マトリックス』の平凡な主人公トーマスは、近頃、起きているのに夢を見ているような感覚を持つ。「現在生活しているこの世界は、もしかしたら夢を見ているのではないか」という、模糊とした違和感を持っていた。ある日、トーマスは紹介されたモーフィアスに、「おまえが生きているこの世界は、コンピューターにより創造された仮想現実であり、おまえの実体はマトリックス（Matrix）と呼ばれる機械に組み込まれているのだ」と教えられ、このまま仮想現実で生きるか、現実の世界で目覚めるかの選択を迫られる。

覚醒とは夢から目覚めること。本当の目覚めた意識に戻ること。古来、人生は夢に譬えられた。中国の戦国時代、荘周が胡蝶になった夢をみた。自分が夢のなかで蝶になったのか、それとも夢のなかで蝶が自分になったのか、夢と現実の境が曖昧になった。

人間の意識は物質次元に対応する眼識、耳識、鼻識、舌識、身識、そして意識、第七識、第八識、第九識（仏性《ぶっしょう》識）に分かれている。本当の自分は大宇宙の中心意識と繋がる第九識仏性である。しかし、人間は意識で胡蝶の夢のように人生という夢を見ている。

人は永劫の時を経て覚醒（神仏）に向かっている。いわゆるアセンションである。毛虫が羽化して美しい蝶になるように、自我という固定観念の殻を打ち破り、自己の想念体系から解脱して、本来の自分に帰るのである。

思い込みという自我の殻を自分で脱ぎ、ああでもないこうでもないという分離思考を解脱し、二元対立の葛藤を離れると、自分は全体の一部であり全体は自分であるという全体意識に融合することができる。全体意識に心をゆだねて生きよう。肉体の時間・空間の制約を離れ、宇宙意識に帰ろう。その合い言葉は南無妙法蓮華経。空なる真理を体感し、記憶の連続体の束縛を離れ、恐怖の壁を乗り越え、一切の焦りを捨て、仮の世界の夢から覚めよう。静寂なる心に帰り、肉体でもなく、眼識、耳識、鼻識、舌識、身識でもない、本当の自分の意識主体たる九識に帰ろう。そこから神仏の完全性、永遠性、栄光を表現するため、再び裟婆に生まれよう。

平成二十二年五月

分光から一への帰還——悟り

自分とは何かを悟り、意識を解放するには、自己の意識と世界構造をよく認識することが大切である。

私たちは根源なる一つの光の意識、妙法蓮華経から分光した。分光・分離の目的は、自分自身でもある大宇宙（法身）を認識すること。個の進化による意識の進化、体験の蓄積、智慧の獲得である。この意識の分光・分裂は他者との競争をともない、意識を加速的に進化させる。

しかし、分裂は欠乏感を生じ、その思いが不安感を呼ぶ。人類は分裂の始まりである自己の誕生以来、不安と恐怖感にさいなまれている。

不安は全体意識・妙法蓮華経から分離した仮想の意識である自我を無から守ろうという執着を生む。執着はさらなる不安を呼び、不安はさらなる執着を呼ぶ。執着は不安を元として、恐怖の思考体系＝文明を築きあげ、恐怖は戦争を呼び、原爆を作り出し、テロを起こす。

この世界を人は輪廻転生する。盲目のゆえに恐怖し、自己を処罰する罪悪感のゆえに人はマイナスの業《カルマ》を増大させる。魂の負債は増え続け、償いは終わらない。償還できない大量国債を発行し続けるように。

しかし、人類の分離は総和・統合を前提として起こった。分裂から生じるすべての負債は合一によって補われ解決する。智の統一、体験の共有、意識の合一、その先にはさらなる進化の地平、統合の大地が開けている。

日蓮大聖人は意識から生まれ意識に還元する世界構造を次のように説かれる。

今本時の娑婆世界は三災を離れ四劫を出でたる常住の浄土なり。仏すでに過去にも滅せず未来にも生せず、所化もって同体なり。これすなわち己心の三千具足の三種の世間なり。

（『観心本尊鈔』）

全一なる無限に帰ると、すべての現実は自分、己心が生みだしたとする立場に人は立つ。すべて自分が生みだした世界であるとは、他人もあなた自身の姿ということ。一なる意識へ回帰するとすべての罪は許され、正と負のカルマは統合・止揚され、今あなたは悟りの境地にある。その祈りの言葉、悟りのパスワードは南無妙法蓮華経＝サッダルマ・プンダリーカ・スートラ。

平成二十二年六月

八正道

ブッダは解脱への道を八正道として説かれたが、その第一は正見《しょうけん》である。人間の苦しみの根本原因は無明《むみょう》（智慧がない盲目的な衝動）であるから、正見とは無明を除いた仏の知見ということになる。すべてを見通す智慧の目である。これは法華経において「仏知見」として説かれ、すべての人類はこの眼を開くことが要請されている。具体的には仏知見とは実相を見る眼であるが、実相とは宇宙の真相である。すなわち、目に見える世界（この世）と見えない世界（あの世）を総合的に認識し、その本質を見る眼が仏知見である。ここで正見とは、大宇宙という一大生命の次元構造を認識し、人間がその構造と宇宙意識の目的に従って生きるための前提となる世界認識を指すことになる。

第二は正思《しょうし》。貪《とん》・瞋《じん》・痴《ち》の三毒に惑わされず、正しい真我に問うて考えること。すべてが調和された幸福に向かうよう中道の立場で考えること。

第三は正語《しょうご》。正しく語る、自分も人もすべてがよくなるよう慈悲の心で語る。

第四は正業《しょうごう》。人は仏の世界からこの世にきて肉体を持ち、肉体本能による煩悩に迷わされつつ、この世に仏の理想を顕す人生修行をしている。仏の心に従って行動する。

第五は正命《しょうみょう》。世のためになるような正しい仕事と生活。

第六は正精進《しょうしょうじん》。仏願にそった正しい努力をすること。世界の進歩と調和と自己の向上、悟りを目指す。

第七は正念《しょうねん》。常に正しい理想と目的を心に抱く。

第八は正定《しょうじょう》。精神を統一して心を静かに調和させること。心の動揺を払って静かに人生を省みて、人生の出来事の本当の意味を理解し、智慧を獲得する。精神と肉体の波動を調和して一致させ、三昧の境地に入る。

八正道は自我、我欲、自己保存の心を離れ、貪・瞋・痴の三毒に惑わされず、迷いのない仏の境地に入るための道。そして、仏の理想を目指し、慈愛の心でバランスよく正しく生きること、それが八正道の内容である。

この仏の理想が妙法蓮華経であり、その理想を忘れずに生きることが南無妙法蓮華経である。

平成二十二年八月

本山　佐野妙顕寺

私の祖父は総本山身延山法主・望月日謙猊下の弟子で、池上本門寺貫首・酒井日慎猊下にお仕えし、後に北海道一管区の宗務所長を務めた。父は北海道北部宗務所長を務め、後に宗会議員に選出された。その孫であり息子である私は、とても祖父や父の足跡をたどることはできないと思われていたが、北海道からストレートには、過去ほとんど就任された方がいない本山貫首に就任させて頂いた。本山貫首は日蓮宗では特別な地位にある。本山妙顕寺報から私の挨拶を引用させていただく。

一月にご本山妙顕寺に院代として入寺して以来、先代芝崎恵璋貫首猊下ならびに総代様始め檀信徒の皆様には暖かいご支援と励ましをいただき、私も元気でお祖師様に給仕させていただき、ご本山の護持丹精に尽力することができました。誠にありがとうございます。おかげさまで六月二十一日、東京池上の日蓮宗宗務院で、渡辺照敏宗務総長様より本山妙顕寺貫首の辞令交付を受けました。

宗務総長様は、「どうかご本山を護るだけでなく、宗門内外でも本山貫首としてご活躍してください」とお励ましくださいました。

私は、心より「本山の護持丹精、正法の興隆、教線の拡張に、不惜身命の覚悟で尽力します」とお答え申し上げました。

北海道の中心、どまんなかにある富良野からご当地佐野にやってまいりまして、どうもここは日本の中心ではないかという予感がしておりましたところ、しばらくして佐野市には「どまんなか田沼」というところがあるとお聞きし、大変感動いたしました。

宇宙の中心は皆様のお心のなかにあります。その心の中心には妙法蓮華経というご本仏がいらっしゃいます。南無妙法蓮華経と唱えると、みずからの心が調和され、家庭が調和し、社会、国家、世界が大調和します。「南無妙法蓮華経　唱えてすべて大調和」をスローガンに努力する所存ですので、よろしくお願いいたします。

本山には日蓮聖人のご真骨も奉安されている。日々勤行させていただいて、私は釈尊や日蓮大聖人の不思議なご守護や悟りへのお導きをいただいている。

平成二十二年九月

救世の原理を求めて

栃木県佐野市の本山妙顕寺にきて以来、私は目が悪いこともあって、仏法については読書するよりもいろいろなテーマで思索することが多くなった。そのせいか、夜二度ほどお釈迦様の夢を見て、いろいろ教えられることがあった。一度目は、お釈迦様の木像が動き出して歩いていこうとするので、「ちょっと待ってください」と呼び止めて、人間の意識と世界構造について教えていただいた。二度目は、犬の置物が動き出して一回転してお釈迦様の姿に変わったので、やはりいろいろ質問させていただいた。それもこれも、毎朝日蓮大聖人のご真骨に法味言上させていただいているご利益なのであろう。いたって体調もいい。

私は本山妙顕寺の晋山式《しんざんしき》を四月十三日に予定している。そのときに今までの日蓮教学に関する論文をまとめて記念出版することに決めた。これを出版すると私の学問的な教学理解は一段落するので、次は実際に生きた人々の救いとなる教えをわかりやすくまとめたいと思っている。南無妙法蓮華経をいかに唱えいかに生きたなら、人は本当の幸福を得ることができるのか。否、本当の幸福とは何か、救いとは何か、喜びとは何か、本当に理解し説明できたらと思っている。

それには人間の意識構造と世界構造の関連、また宇宙の根源にある神仏意識、宇宙の目的意識、その目標、人間と神仏の関係、時間空間の構造、宇宙の次元構造を理解しなければならない。そしてそこに存在する法則を知ることが大切である。

本仏妙法蓮華経からすべては生まれている。その根本法は妙法蓮華経の一念三千なのである。一念三千とは根源意識からすべては生まれ、そしてすべては根本意識に具足している、ということ。またその分霊たる人間の心がその宇宙を再創造しつつある、ということである。

この原理をいくつかの法則に分けて考えると、次のようになる。

救世の原理

一、想念はものを創る（一念三千）
一、協力の法則（類は友を呼ぶ）
一、意識共有、同調の法則（十界互具《じっかいごく》）
一、原因と結果の法則（因果律、十如是《じゅうにょぜ》）
一、加速の法則
一、慣性の法則
一、作用・反作用の法則

平成二十二年十月

諸法無我

十二月八日は私たちの大好きなお釈迦様が悟りを開かれた日である。今から二五〇〇年前、お釈迦様はシャカ族の王子として、カピラ城で四季折々の宮殿に暮らし、何不自由のない恵まれた生活を送っていた。しかし、成長した釈尊は、「人は生まれれば必ず年老い、病気となる。そしてだれもがいつか死ななければならない」という大自然の諸行無常の法則に気付かれ、驚愕する。釈尊はブッダガヤで禅定に入られ、煩悩を捨てて心を静め、人生、大宇宙の一切を中道の立場で考察され、お悟りを開かれた。

釈尊の心は拡大し、大宇宙と一体になった。この境地から見ると、この宇宙には単独で存在するものはない。「あらゆる生きとし生けるものは、お互いに関係し合い、補い合って成長してゆく」という縁起の法、生命一体の法則を悟られたのである。

すべての生命単位は単独で存在しえない　それが諸法無我ということ
無限の仏は、一切の生きる者として顕現し　九界、娑婆世界、宇宙空間として顕現した
すべては一なる寿量本仏の現れ　これを一念三千という

すべての生命と存在は相関係し合い、連鎖し　一なる生命体、本仏を構成する
大宇宙は一つの生命体　それが本仏そのもの
その一単位である地球生命をガイアと呼ぶ　この大いなる宇宙はわが心にすべてあり
ゆえに己心に十界の心理あり
愚痴、怒り、足ることを知らぬ欲望　慢心、疑い、恐れ、悲しみ
喜び、哀れみ、向上心、慈悲などのさまざまな心　空の天候のように移りゆく人の心
南無妙法蓮華経と唱え心を空に戻し　仏を念じよう
すべては移ろいゆき　心のみ永遠
永遠なる本仏は　諸行無常を新陳代謝として
無常なる物質界に　永遠の世界を表現なされている
永久に変わらぬ大自然の姿で

平成二十二年十二月

前世の記憶——永遠の自己

釈尊の教えの目的は生・老・病・死という四苦からの解脱である。「生まれること、老いること、病気になること、死ぬこと」からの解脱とは何か？　これをまとめると、「健康で死なない」ということになる。だれもが病気になり、そして死んでゆく。この問題の解決、つまり不死の命の実感が悟りである。

悟りの内容は、「人は永遠の命を持ってこの世とあの世を輪廻して魂の経験を積み、みずからの魂の自己実現を果たしてゆく。人間の魂とは実は不死の生命なのである。魂には病気も死もない」ということになる。

このことを知っても、前世を思い出さなければ永遠の生の実感はない。しかし、前世の記憶を持つ者は少なく、それを思い出すのは稀である。

私は瞑想のなかで、前世の記憶の断片をいくつか思い出すことができた。仏弟子、中国のお坊さん、ヨーロッパの王族、アメリカの牧場主、等々。そして解ったのは、今生の魂の奥深く、感情の奥に、だれもが前世の記憶や願いを持っているということ。私は今でもアメリカに行くと、気分も体調もよくなる。

しかし、あの世の記憶がなければ、やはり前世の記憶だけでは永遠の生の実感はやはり薄い。あの世の記憶はまたなかなか思い出さない。ところが、あの世の生の断片は体外離脱したときに垣間見られ、釈尊や日蓮聖人がお話ししてくださることもある。

でもやはり、覚醒時の肉体を持った意識と肉体を離れた意識は波動や次元が異なり、通い合うことは非常に難しい。体外離脱時の認識・記憶は、肉体の意識が一部目覚めていることにより成立している。肉体意識が異次元を遊ぶ意識をモニターしているのである。あの世とこの世の意識がおの覚醒しつつ結ばれ通い合えば、不死の自分が成立する。

このことによく意識を集中し、瞑想してみようと思う。前世を思い出し、そしてあの世を思い出してみようと思う。それには心を静かにし落ち着くこと、南無妙法蓮華経のキーワードで。

平成二十三年一月

人生の目的

大乗仏教は人類の目標を常・楽・我・浄、すなわち永遠の命、楽しい生活、自主・自由な生き方、清浄な環境の実現、と教えている。がしかし、人がこの世でそれを実現できるかというと、この常・楽・我・浄の四つは目的であるが、真に実現できる人は希であろう。常・楽・我・浄の四徳波羅蜜が真に実現されているのは、あの世の浄土における魂においてである。私たちは自分の魂の本質に常・楽・我・浄の四徳波羅蜜を有するがゆえに、この世に生まれると本能的に四徳波羅蜜を実現しようとする。すなわち、人は皆、幸福の実現に向かって邁進する。

ここで人生の目的を「幸福の実現」とすると納得はできるが、やはり幸福を実現できる人は少ない。本当に人類の目標が幸福になることであるならば、万能の神仏はすべての人類を幸福にしてくださるであろう。そうでないとすると、人間の目標は幸福になることではないといえる。

では何なのか。それは、人はこの世にさまざまな体験、人それぞれの人生を経験するために生まれたのである。楽しい人生、悲しい人生、豊かな人生、貧しい人生、苦しい人生。

人はそれぞれの人生を通じ、神仏の完全性、永遠性、栄光（四徳波羅蜜）を表現するため物質次元の娑婆に生まれた。また娑婆で不完全・不自由を体験することにより、内なる神（自分自身）の完全性（四徳波羅蜜）を理解することができるので、不完全さを体験したくて、人はこの世に肉体を持った。不完全な意識で体験する愛について学びたくて、この世に生まれた。もともと完全なる魂は、愛の不足した不完全な人生の舞台で、みずからの内にある大いなる愛と魂の本質に少しずつ気がついていくのである。

映画にロマン、悲劇、喜劇、などのさまざまなジャンルがあるように、人はさまざまな人生を体験し、みずからの魂と宇宙について理解するために生まれてきた。したがって、それぞれの人生の体験を通し人が学ぶことができたなら、それは魂にとって幸福の実現といえる。

人生の目的は魂の学習と目覚め、すなわち進化向上といえる。人は永遠の時の流れのなかで生まれ変わり死に変わり、さまざまな人に出会い、さまざまな人生を体験するのである。いつかあなたに会うために。

平成二十三年二月

東日本大震災

三月十一日、突然、栃木県佐野市本山・妙顕寺が大きく揺れだした。「地震だ、しかし、たいしたことはない、このまま書斎で仕事を続けよう」と思った。しかし揺れは大きくなるばかりで、いっこうに収まらない。屋根は瓦なので、これ以上揺れると危険である。ついに銀杏の木の下に逃げた。松村さんの奥さんも外に出て怖がっている。見ると、マンホールの蓋が大きく外れている。地震が収まり、寺の内部を点検すると、唐紙のガラスが一枚割れ、ローソク立てと唐金の灯籠が倒れて壊れていた。外回りは石灯籠が倒れたり、お墓の香炉が壊れたりしたが、幸い被害はそう多くなかった。

テレビを見ると、東北地方の太平洋沿岸が津波に襲われていた。私の友人の三浦惠伸上人は岩手県山田町の善慶寺で住職をしている。テレビの報道によると、山田町はこのときの津波で壊滅した。しかも私のパソコン見ると、十五時十五分に三浦上人からメールが来ていたので、私にメールを送信するために三浦惠伸上人は津波から逃げ遅れたのではないかと心配し、胸が痛んだ。

その後何日も電話も通じず、お寺も流されたのかと不安はさらに募った。しかし私は「あの自分のことより宗門のこと、信者さんのことをいつも先に考えている立派なお上人が亡くなる訳はない」と、南無妙法蓮華経とお題目を唱えその無事を祈った。そのうちネット上で善慶寺が避難所になっていると知り少し安心したが、電話はつながらない。心配は終わらない。しかし十八日に野沢壮監上人から三浦恵伸上人は無事との連絡を受け、その後本人から電話があり、やっと安心することができた。

今回の地震では甚大な被害があり、多くの尊い命が失われ、福島の原発は破壊され、放射線の汚染は国土を覆っている。なぜこのような地震が起こったのか。私たちの心と行いに神仏、そして大自然の心と摂理に反することがあったのか？　いろいろ考えても確たることはわからない。

しかし、政争に明け暮れていた国政も今は総理大臣以下内閣・各政党、心を一つにして災害復旧に尽力している。また被災者もお互いに助け合い手を取り合い、わずかな食料を分け合って生活している。私たちはこの災害を機に心を改め、心と心を調和し手を取り合って、日本の再建に協力していかねばならない。

平成二十三年三月

一大秘法

今年も桜の季節になった。東北の被災地でも、桜は震災の後も去年と変わらぬ美しい花を咲かせているそうだ。毎年同じように美しい桜が咲くのは、桜の種子のなかに遺伝情報として花の設計図も含まれているからである。ここで、仏の遺伝情報、妙法蓮華経を整理してみよう。

一大秘法は妙法蓮華経の五字

一、お釈迦様の説かれた一番大事なお経のタイトル
二、釈迦仏の慈悲のみ魂……因行果徳、カルマ体
三、仏の悟り
四、本仏のみ名、本仏、宇宙の根源意識
五、人類の根本意識、仏性、九識
七、名・体・宗・用・教の五重玄義……名前のなかに体（本質）、宗（根本理念）、用（働き）、教（教え）がすべて備わっている
八、是好良薬……迷い狂った心を正しい仏の心に戻す薬
九、仏種……仏になる種。本仏の遺伝情報をＤＮＡ的に有している

十、宇宙根源の光
十一、大宇宙の永遠の命
十二、フォース……如来秘密神通之力
十三、一念三千の構造を持つ宇宙体

以上、いろいろな意味があるようだが、実態は一つ、永遠の命と無限の智慧と力を持った宇宙根源の光の生命体、私たちの命そのものでもある。ただ、無限の空間と次元に一念三千の原理で顕現している。私たちは南無妙法蓮華経と祈り、大宇宙のフォースを使うことができる、仏の意志にそって。

南無妙法蓮華経で一日を光明化し、楽しく生きよう。心を弾ませ、未来に向かおう。友を信じてともに手をつなごう。世界を光明化しよう。南無妙法蓮華経と唱えて迷いを離れ、聡明に生きよう。智慧の力は必ず状況を今よりベターにしてくれる、常にベターにしてくれる。ベター＝よりよくこそ、私たちの生き甲斐、生きる力である。

南無妙法蓮華経と唱えると、フォースは私たちを導いてくれる。

平成二十三年五月

昇仙峡のローズクオーツ

五月、身延山聖徒団の大会の帰り、感通寺さんの車で同級生の小田島忠弘君と新宿まで帰ることになった。その道中、竜王の昇仙峡というところで蕎麦をごちそうになった。おいしい蕎麦と岩魚の塩焼き定食だった。しかし、私は食事をしながら気になって仕方ないことが一つあった。途中車を止めたところにあった石の博物館のようなところである。一メートル五〇センチはありそうな非常に大きなスモキークオーツや大きな木の化石、私が胡座をかいて座れるほどのローズクオーツや真っ赤なジャスパーが建物の玄関の前に置いてある。ぜひよく見たいものだが、食事の後はバスで感通寺さんの檀家さんと一緒である。私は後ろ髪引かれる思いで昇仙峡を後にした。

栃木県佐野市から山梨県の昇仙峡までは車で三時間もかかるので、わざわざ出かけることは難しい。しかし、ぜひもう一度行きたいものと時折想い続けていたところ、教学の講習会が身延山の智寂坊で行われることになり、私は出講した。その帰り、この機会を逃したらいつ行けるかわからないと思った私は、運転手の松村さんに頼んで、もう一度昇仙峡に寄ることにした。

甲府駅から三十分山深く入ったところ、富士川の支流である荒川上流に位置する渓谷昇仙峡は秩父多摩甲斐国立公園特別名勝に指定され、渓流に削り取られた花崗岩《かこうがん》による美しい奇岩奇石の渓谷は日本有数の景勝地だそうである。

昇仙峡の石屋さんにたどり着いた私は、早速店の前にある巨大な水晶の原石に抱きついた。何ともいえぬ抱き心地、特に大きなローズクオーツの上に座ると、柔らかい石のパワーに満たされる。ジャスパーにも木石にも座ってみたが、ローズクオーツの波動が一番優しい。値段が安ければ買って帰るところである。館内には大きな無垢の水晶球や虎目石の千手観音、ジャスパーの不動明王など宝の山、素晴らしい目の保養であった。

以前から水晶のパワーなどについてはよく見聞きするが、この店の水晶ほど大きくて品質が高いと、パワーも実感しやすいようである。

平成二十三年六月

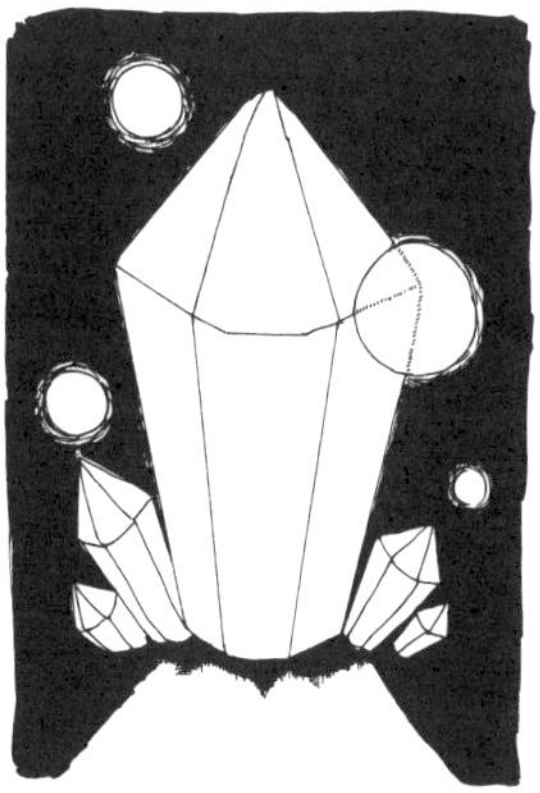

十二因縁

お釈迦様は二五〇〇年前インドにあるブッダガヤの菩提樹の下で、十二因縁を観じて悟りを開かれたと伝えられている。しかし、この十二因縁についての仏教学者の説明は不明確なものが多く、本当に十二因縁を釈尊はお説きになったんだろうかという疑問もある。たとえば、十二因縁は次のように説かれる。

無明《むみょう》（無知）によって行（形成作用）がある。行によって識（分別作用）がある。識によって名《みょう》色《しき》（名称と形相、すなわち五蘊《うん》＝人身のこと）がある。名色によって六処（六つの感官、眼・耳・鼻・舌・身・意）がある。六処によって触（外界との接触）がある。触によって受（感受作用）がある。受によって愛（欲望）がある。愛によって取（執着）がある。取によって有《う》（存在）がある。有によって生《しょう》（生まれること）がある。生によって老死・愁・悲・苦・悩が生ずる。これらのものによって苦の集まりができる。これが縁りて起こるという。（相応部経典巻二『法説』）

これでは何のことかよく分からないであろう。私は釈尊がみずからの人生をふり返り、根源的生への執着、自己保存、自我、我欲、貪《とん》・瞋《じん》・痴《ち》を断って解脱されたということはよくわかっていたが、十二因縁の教理に当てはめるとうまく説明できないきらいがあった。

ところが、宮元啓一博士の著書には比較的上手に説明されており、納得が行った。
①無明　アヴィッディヤー。根本的生存欲、自覚できないので無明。②行　サンスカーラ。生きるための盲目的な記憶意思などの心の作用。③識　ヴィジュニャーナ。判断作用。④名色　ナーマ・ルーパ。名称と形、判断の対象。⑤六入　眼・耳・鼻・舌・身・意の感官。⑥触　感官と対象の接触。⑦受　感受作用「知覚」。⑧愛　タンハー、トリシュナー。渇愛のこと、対象を認識したことから生じる盲目的衝動。⑨取　ウパーダーナ、執着。この執着にもとづいて行為（業）をなす。⑩有　バヴァ。輪廻的生存。⑪生　生まれ変わる。⑫老死
今の自分の生活状態（輪廻的生存状況）を十二因縁の順に遡ってその根本原因を尋ねると、無明（根本的生存欲）にたどり着く。したがって、無明を晴らすと解脱できるのである。そのとき、自分は永遠の今にあり、真我そのものである。

平成二十三年九月

エドガー・ケイシーの光田秀さん

私の本山佐野・妙顕寺の入山記念出版である『日蓮宗の戒壇、その現代的意義』（国書刊行会）に臨廻転生の実例としてエドガー・ケイシーのリーディングから引用させてもらった。キリスト教にはない輪廻転生の概念を用い、生命の実体を説明するケイシーはおもしろい。エドガー・ケイシー（Edgar Cayce、一八七七年三月十八日〜一九四五年一月三日）は、予言者、心霊診断家である。彼は催眠状態で相談者のアカシック・レコードを読み、さまざまな病気や悩みの相談に回答を与えた。仏教の輪廻転生説も、他方面から見るとまた多くの示唆があり、かえってよく理解できることがある。

わたしが資料として使わせてもらったのは、光田秀という人が仏教の雑誌『大法輪』に連載していたものである。光田秀という名前と文章から年配の真面目なお爺さんを連想していたが、ユーチューブで拝見すると若くハンサムである。歯切れのいい話をされる方であり、内容もおもしろく、示唆に富むので、氏の講演を何度か拝聴し、夕食をともにさせていただいた。話の骨子は、「人は神の分霊であり、神仏の本願にしたがった理想、志をもって生活せよ。そうすれば因果応報の輪廻転生から卒業できる。聖書にも輪廻転生の実例がある」といったところである。氏が強調されるのは、理想を持ちこの世でそれを実現する努力をせよ、ということである。私は酒の席で光田氏に、

「あなたは吉田松陰の生まれ変わりのようだ」と申すと、氏は「同じことを美輪明宏さんと江原啓介さんにいわれました」と答えた。私は前世でも彼の話を何度か聞いたのかもしれない。

彼と話をするうちに、彼の奥さんが平原綾香の歌う「ジュピター」の作詞家・吉本由美であると伺い、私は驚いた。というのは、

Every day I listen to my heart
ひとりじゃない
深い胸の奥で　つながってる
果てしない時を　越えて輝く星が
出会えた奇跡　教えてくれる

という歌詞が大変すばらしいので、私が何度か講演の資料に使わせていただいたからである。私は光田ご夫妻お二人の文章を使わせていただいていたのである。

平成二十五年八月

慶応二年の鬼瓦

総本山の身延山久遠寺より丁重な歴代法要のご案内をいただいた。身延山第六十九世事感院・日琢上人（天明五年〜元治元年、一七八五〜一八六四）、行年八十歳の第百五十年遠忌《おんき》のお知らせである。私のところに案内状が届いたのは日琢上人が東南湖長久寺十世、飯高檀林三百二世化主、本山佐野妙顕寺准歴、大本山小湊誕生寺五十三世を経て、総本山身延山六十九世法主猊下に就任されたことによると、案内状に記されていた。

佐野妙顕寺の本堂屋根改修工事を現在進めているが、屋根の瓦を下ろしたところ、その鬼瓦には慶応二年（一八六六）と記されていた。慶応二年といえば日琢上人ご遷化の一八六四年から二年後であるが、一月二十一日に薩長同盟が成立、一月二十三日には寺田屋で坂本龍馬が襲撃されている。妙顕寺の屋根瓦もずいぶん歴史を経て風化しているものと感慨深い。また、ご遷化一年前の文久三年（一八六三）には生麦事件が起きたが、薩摩藩士に刀で斬りつけられて死亡したイギリス人の商人・チャールズ・リチャードソンの生前の写真が初めて見つかり、九月十四日から横浜市の資料館で公開されることになった。

この文久三年には私の高祖父・近藤鳳音日遊が三十五歳で千葉県多古の中村檀林で玄頭職を拝命

し、『法華玄義』を講ずるに、音声爽爽として条理ことに明断たれば、四座の群衆、驚嘆せざることなし」との記述がある。

余談であるが、高祖父・近藤日遊師は尾州海東郡津島村で生まれ、八歳のときに剃髪して、十四歳のとき遠く故郷を去って下総に出て中村檀林に入って業を修め、二十二歳のとき加賀にある立像寺充治園《じゅうごうえん》にて優陀那日輝上人の鎚下《ついか》に帰している。後、明治十七年（一八八四）、牧口徳太郎なる人に北海道より請われ、北海道小樽・妙龍寺に晋山《しんざん》している。

文久三年は時代の大きな転換点であり、本宗でもこのころ外国船撃退の大祈禱会が、蒙古退治の旗曼荼羅を掲げ奉修されたそうである。

現在平成二十五年も尖閣諸島、竹島、北方領土を巡って外国船の示威行動があり、国難の時代である。日本の安全と世界平和を大曼荼羅御本尊に祈願し、事感院日琢上人のご報恩としたい。

平成二十五年九月

安倍総理夫人アッキー

二〇一二年八月末、「アベさんの奥さんが見えて、あなたとお話ししたいそうです」と携帯に電話があった。私は同級生の眼科の教授である吉田晃敏学長がいる旭川医科大学に目の手術のため入院している姉をお見舞いし、富良野に帰るところであった。そのまま富良野の居酒屋〈クマゲラ〉に向い、〈クマゲラ〉の囲炉裏の部屋に通されると、美しい夫人が笑顔で出迎えてくれた。その笑顔は若々しく知的でキュート、テレビで拝見した姿そのままであった。アベさんの奥さんとは、なんと元首相の安倍晋三さんの奥さんであった。何故のお呼びかお聞きすると、芦別岳にまつわる話が聞きたいようだった。

芦別岳は夕張山地にある標高一七二七メートルの山で、私は中学生のときに担任の先生の引率で同級生と登山したことがあるが、〈北海の槍〉とも称されるごとく鋭く聳える山である。また大本教の出口王仁三郎師によれば国常立尊《くにのとこたちのみこと》が隠退された山とされる。

国之常立神《くにのとこたちのかみ》は日本神話に登場し、天地開闢の際に出現した。私はこの大地創造の神が、地球環境激変、世界経済崩壊、政治システム不能のこの変革の時期に芦別岳より立ち上がりたまい、産業、政治、経済システムを再び構築されると思っている。ご神体は、心眼には山の八合目の高さまで裾野から立ち、衣冠束帯の姿で上がられたお姿に写った。また、出口王仁三郎師は富良野に北海本苑を造り、「北海道は日本の要　この庭は　要の巌に　光り添えつつ」という歌を残している。私の北海道富良野市のお寺は〈日蓮宗本要寺〉という。またお寺のそばには大きな〈北海道の中心石〉というものがあり、歌と併せてみると感慨深い。

夫人と美味しいお酒も交えお話が盛り上がったところで、私は「ところで、旦那様はもう一度首相になりますよ」と申し上げた。夫人はうれしそうに、「本当ですか」とおっしゃられた。私はただ笑顔で答えた。それからまもなく、安倍元首相は自民党総裁選に立候補され、総裁、そして首相に就任された。

平成二十五年九月

安倍晋三総理

安倍晋三首相の活躍で経済も上向き、東京オリンピックを控え、日本の未来も明るく見えるが、裏には未解決の原発放射能汚染問題などを抱え、手放しでは喜べない。理想と信念に基づくであろう消費税増税、国土防衛などの施策、また、正論・大義名分からの靖国参拝の実行などは、現実の経済力、防衛力などの力に裏打ちされておらず、危ういところも多い。しかし、史上まれに見る信念と実行力の首相であるといえよう。

安倍晋三氏は後醍醐天皇の再来のような方であるが、後醍醐天皇も生涯を通じ、みずからの理想を実現しようとされた理想主義者といえる。その天皇の理想は実現するものの、その後の乱世の始まりとなる。建武新政の理想は、武家政治を廃し、再度天皇支配の政治を確立することであった。後醍醐天皇の政治理念のバックボーンは大義名分論の朱子学であり。宗教的支えは真言の祈禱であった。自分の理想の実現には鎌倉幕府を打倒しなければ目的は果たせないが、後醍醐天皇は幕府を倒すための武士団という軍事力を持たなかった。したがって、後醍醐天皇は地方の豪族に倒幕の綸旨を発し、鎌倉幕府を倒すことができた。武士によって武士を倒したのである。一三三三年五月のことである。したがって、後醍醐天皇は政治的目標を実現するも、軍事力を依然として武士団に頼むという矛盾を抱え、以降戦乱の世となる。

後醍醐天皇は失意のうちにみずからを顧みて、最後は立正安国精神による理想の国家を教導する法華経に目覚め、右手に剣を持ち、左手に法華経を持って亡くなったといわれる。安倍首相にはぜひ前生を超え、法華経の融和の思想による理想国家を建設していただきたい。

日蓮聖人の仏教は法華経に謳われる人類理想の世界の実現を目的とする。それは宇宙根源の仏の本願を我らが継承し、この娑婆でその理想を具現化することにある。世界の平和は幾多の混乱の後、本仏の願いを自己の願いとした人々により達成される。公平、調和、進化・発展を旨とした世界の調整、運営によって。

平成二十六年一月

安倍晋三総理

フランシスコ・ザビエルの一尊四士

私は、高校時代に親元を離れ、進学校である函館ラ・サール高等学校に寮から通った。寮と学校は繋がっていて非常に便利だった。函館には明治三十一年（一八九八）にフランスから派遣された八人の修道女が設立した日本初の女子修道院・トラピスチヌ修道院がある。始めてトラピスチヌのミカエル像を見たのは、中学校の修学旅行のときであった。その美しさと力強さは少年の日の私の心に印象深く残った。また、高校の遠足でも何度かそこを訪れ、牧歌的な草原に点在する聖テレジア、聖母マリア、天使ミカエルなどの聖像に出会った。函館は新鮮なイカや魚などが美味く、また湯の川温泉があり、雄大な津軽海峡越しに下北半島を望みながら入浴もできる。

以前、私が所長を務めた日蓮教学の研究所の一行と『観心本尊鈔を語る』（山喜房佛書林）という本の校正のため、湯の川プリンスホテルに滞在したことがある。滞在中に一同をトラピスチヌ修道院に案内した。ふとお土産を売る店の隣にある資料館に入ったところ、そこにザビエル修道会が北京で使った祭壇があった。見ると中央に永遠のキリストがいて、左右に二人ずつの四大エンジェルがそれぞれフルートなどの楽器を持って配置されている。私が「これはキリスト教の一尊四士だな」というと、今は亡き塩入上人が「その通りです。この四大エンジェルは地・水・火・風を表しています」と興奮した声でいった。「久遠の釈尊と地・水・火・風を象徴する四菩薩の一尊四士のご本尊は、この永遠のキリストと四大エンジェルの像によく似ているね。それにしても、キリスト教のエンジェルの方がそれぞれ違うものを持ち、姿も違う。わが宗門の一尊四士も芸術的にそれぞれ違った姿にしたらいいね」と私は呟いた。

この本尊がよく似ているのは偶然の一致か、それともキリスト教がインドに入ってきて大乗仏教の成立に影響を与えたことによるのか？　キリストの十二使徒の一人がインドに伝導に来てバラモンに捕まり、皮剥の刑にされたという話もある。どこでどのように東西の思想や信仰が混じり合い融合したのか、計り知れない。しかし、宗教の根源的ソースから相似通った本尊の形態が現れても不思議ではない。

この八月のお盆明けに、私と妻は函館の先輩鈴木上人の常住寺さんに参拝した。その帰り、再び私はミカエルとザビエル修道会の一尊四士に会いに行ってきた。

平成二十七年八月

あとがき

　この本の原稿は、北海道の中心に位置する山紫水明の地、富良野の本要寺で毎月開かれていた北海道中央水石会の案内葉書にしたためた文章である。私の師父・齊藤文承が水石会の会長を務め、案内葉書を出していた。

　平成九年に父が遷化した後、もう高齢となった会員さんたちが案内状を出して欲しくて私を会長に推した。私は「案内するだけでことは足りる」と会長を気安く引き受けたが、姉や『愛石の友』誌の森編集長から、「本にするのだからモット長い文章を書きなさい」などと指示を出されたり、大変であった。

　しかし、そのお陰で平成十五年に父の遺稿と併せて『石佛庵記　Ⅲ』を石乃美社から出版することができた。それで探石やキノコ取り、魚釣りに私の手を取り山野をつれて歩いてくれた優しい父への恩返しが少しできたような気がする。本を送呈させていただいた父の同級生の高僧たちからは喜びの言葉をたくさんいただいた。

次に日蓮聖人のみ教えを現代的に分かりやすく述べた『日蓮宗の戒壇、その現代的意義』を国書刊行会から、私の本山佐野妙顕寺入寺記念に出版させていただいた。この本はお坊さんたちから「本当によく分かった」と多くの励ましをいただいたが、一般の方からは「少し難しい」との言葉を掛けられた。本年、三年越しの本山妙顕寺の本堂および諸堂の屋根替え、客殿・庫裡建築工事が完成する。この本は本山妙顕寺落慶のいい記念になると思う。

このたびの原稿は、平成十五年七月から平成二十三年六月までの水石会の案内状と、その後、佐野で書いたホームページの文章である。案内状が平成二十三年で終わったのは水石会の会員たちがボツボツと霊山《りょうぜん》浄土に帰ってしまい、会も消滅したからである。

内容については、み仏の教えを生活のなかから自分で理解しようとした事柄、といってもいいかもしれない。神仏との出会いや語らい、過去世の想起、倉本聰先生や後藤純男先生などの偉大な人物との交流も述べられている。

著者紹介
齊藤　日軌（さいとう　にちき）

1953年、北海道富良野市生まれ。

1976年、立正大学仏教学部仏教学科卒。

1977年、北海道大学大学院インド哲学科研究生中退。

日蓮宗霊断師会総合研究所教学部長、所長を歴任。

日蓮宗本山妙顯寺第49世貫首、日蓮宗本要寺代務住職。

著書に、『石佛庵記　Ⅲ』（石乃美社）、『日蓮宗の戒壇、その現代的意義』（国書刊行会）などがある。論文多数。

スピリチュアル・アルバム　ISBN978-4-336-05989-5
──我が心の富良野と佐野に遊ぶ仏と不思議な石たち

平成28年5月20日　初版第1刷発行

著　者　齊藤日軌
発行者　佐藤今朝夫

〒174-0056 東京都板橋区志村1-13-15
発行所　株式会社　国書刊行会
電話 03(5970)7421　FAX 03(5970)7427
E-mail: sales@kokusho.co.jp　URL: http://www.kokusho.co.jp

落丁本・乱丁本はお取替えいたします。　印刷　三報社印刷(株)　製本　(株)村上製本所